## TAG UG / SAFON UWCH

## CANLLAW MYFYRIWR

## CBAC

# Daearyddiaeth

## Lleoedd newidiol

David Burtenshaw

atebol

**Y fersiwn Saesneg**

Hawlfraint y testun © David Burtenshaw 2016

Cyhoeddwyd y testun Saesneg gan Hodder Education sy'n rhan o Hachette UK, Blenheim Court, George Street, Banbury OX16 5BH

Cedwir pob hawl

**Y fersiwn Cymraeg**

Cyfieithwyd gan dîm cyfieithu Atebol

Golygwyd gan Sioned Lleinau, Eirian Jones a Glyn Saunders Jones

Golygyddion Ymgynghorol: Mari Jackson, Lynne Rees ac Alun Thomas

Dyluniwyd gan Owain Hammonds

Cyhoeddwyd gan Atebol Cyfyngedig, Adeiladau'r Fagwyr, Llanfihangel Genau'r Glyn, Aberystwyth, Ceredigion SY24 5AQ

Hawlfraint y cyhoeddiad Cymraeg © Atebol Cyfyngedig 2017

ISBN: 9781912261055

**www.atebol.com**

# Cynnwys

## Arweiniad i'r Cynnwys

## Cwestiynau ac atebion

# Gwneud y defnydd gorau o'r llyfr hwn

## Cyngor i'r arholiad

Mae'r adran hon yn tynnu eich sylw at y pwyntiau allweddol yn y testun. Bydd hyn yn eich helpu i ddysgu a chofio. Bydd hefyd yn cynnig cyngor ar bethau i'w hosgoi yn ogystal â chynnig cyngor ar sut y gallwch chi wella eich technegau arholiad. Gwella eich gradd yn yr arholiad ydy'r nod.

## Profi gwybodaeth

Cwestiynau sydyn drwy gydol y llyfr sy'n anelu at wneud yn siŵr eich bod yn deall y testun.

## Atebion i'r adran Profi gwybodaeth

1 Trowch i gefn y llyfr i gael yr atebion i'r cwestiynau Profi gwybodaeth.

## Crynodeb

■ Ar ddiwedd pob adran graidd mae crynodeb o gynnwys yr adran. Eu pwrpas ydy cynnig rhestr o'r prif bwyntiau sydd angen i chi eu cofio. Defnyddiol iawn ar gyfer adolygu hefyd.

Sylwadau ar sut i fynd ati i ennill marciau llawn. Defnyddir yr eicon **e** i ddangos y sylwadau hyn

Patrwm y cwestiynau yn yr arholiad

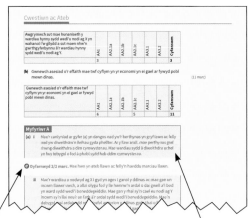

Sylwadau ar yr ateb sydd wedi ei roi gan y myfyriwr

Darllenwch y sylwadau (mae'r eicon **e** wedi'i gynnwys o flaen yr ateb) i weld faint o farciau y byddai'r myfyriwr yn ei dderbyn am bob ateb y mae wedi ei roi. Mae'n dangos hefyd sut mae wedi colli marciau.

Enghraifft o ateb myfyriwr Atebwch y cwestiynau cyn troi at yr atebion y mae'r myfyriwr wedi'u cynnig.

# Gwybodaeth am y llyfr hwn

Mae'r rhan fwyaf o'r cynnwys a'r hyn sydd angen i ni ei ddeall ar gyfer Daearyddiaeth Safon Uwch Gyfrannol a Safon Uwch wedi cael ei seilio ar yr hyn wnaethoch chi ei ddysgu ar gyfer TGAU. Yr unig wahaniaeth yw bod angen i chi roi mwy o sylw i sgiliau a thechnegau a chysyniadau. Mae'r llawlyfr hwn wedi'i baratoi yn benodol ar gyfer astudio **Lleoedd newidiol** ar gyfer arholiadau CBAC.

| Manyleb | Cyfanswm yr amser ar gyfer Lleoedd newidiol | Cyfanswm y marciau ar gyfer Lleoedd newidiol | Cwestiynau strwythuredig | Ateb hir/traethawd | Gwaith maes |
|---|---|---|---|---|---|
| **CBAC TAG UG a Safon Uwch Uned 2 Lleoedd newidiol** | **37 munud** | 32/64 | Mae DAU gwestiwn strwythuredig gorfodol sy'n cynnwys ymateb i ddata yn Adran A. Mae tri chwestiwn strwythuredig gorfodol sy'n cynnwys ymateb i ddata ynghylch gwaith maes ac ymchwiliad gwaith maes y dysgwr ei hun. | Dim | Yn Adran B mae TRI chwestiwn gorfodol yn cynnwys UN ar eich gwaith maes chi wedi'i farcio allan o 32 |

Dyma'r amcanion ar gyfer y llawlyfr hwn:

- Mae'n cynnig y prif gysyniadau, diffiniadau, damcaniaethau ac enghreifftiau sy'n bosib eu defnyddio i ateb cwestiynau yn yr arholiad. Lle mae'n bosibl mae'r enghreifftiau sydd wedi'u dewis yn cynnig dewisiadau eraill fydd yn wahanol i'ch ardal leol chi.
- Cynnig syniadau ar gyfer astudiaeth gwaith maes y byddai modd eu dewis ar gyfer astudio Lleoedd newidiol neu ar gyfer yr Ymchwiliad Annibynnol.
- Cynnig syniadau ar waith y gallwch ei wneud ar eich pen eich hun yn ogystal â lle i fynd i chwilio am wybodaeth ychwanegol. Bydd hyn o help i ehangu eich gwybodaeth a'ch dealltwriaeth o'r maes cyn eich bod yn sefyll yr arholiad.
- Cyfle i brofi eich gwybodaeth drwy gyfrwng nifer o gwestiynau fydd yn profi eich gwybodaeth. Mae hefyd yn cynnig ambell i gyngor ar gyfer sut mae dysgu mwy am brif agweddau'r cwrs a llwyddo yn eich arholiad.

# Yr arholiad

## UG Uned 2: Lleoedd Newidiol

Arholiad ysgrifenedig:
Mae'r asesiad yn cyfrif am 16% o'r cymhwyster ac yn cyfrif am 64 marc.

## Uwch Gyfrannol CBAC Uned 2: Lleoedd Newidiol

### Adran A: Lleoedd Newidiol

Dau gwestiwn strwythuredig gorfodol sy'n cynnwys ymateb i ddata.

### Adran B: Ymchwiliad Gwaith Maes mewn Daearyddiaeth Ffisegol a Dynol

Tri chwestiwn strwythuredig gorfodol sy'n cynnwys ymateb i ddata ynghylch gwaith maes ac ymchwiliad gwaith maes y dysgwr ei hun.

Dydy'r llawlyfr hwn ddim yn cynnwys gwybodaeth benodol am y cwestiwn gwaith maes ond y mae'n cynnig awgrymiadau ar gyfer astudiaethau maes neu faterion ar gyfer yr Ymchwiliad Annibynnol.

Mae'r ddau gwestiwn cyntaf yn Adran A ar gyfer safon Uwch Gyfrannol yn cael eu hateb mewn llyfryn ateb. Mae Adran B yn profi eich ymchwiliad gwaith maes mewn Daearyddiaeth Ffisegol a Dynol. Bydd yr adran hon yn profi eich gwybodaeth a'ch dealltwriaeth o'r broses o ymchwilio ynghyd â gwerthfawrogiad a dealltwriaeth o'r sgiliau sy'n cefnogi'ch ymchwiliad a'r hyn rydych chi wedi'i ddarganfod.

## Amseru

Mae'r tabl isod yn dangos y ffordd orau o rannu eich amser yn yr arholiad. Bydd angen i chi edrych faint o farciau sydd ar gyfer y gwahanol rannau o'r arholiad. Y nod ydy 'ennill un marc pob munud'.

| Marciau ar gael | Amser i ddarllen, galw i gof a chynllunio | Sawl munud i ysgrifennu'r ateb |
|---|---|---|
| | Darllen pob cwestiwn. Penderfynu ar ba drefn i ateb y cwestiynau. | <3 |
| 2 | 1 | 1 |
| 3 | 1 | 2 |
| 4 | 1 | 3 |
| 5 | 1 | 4 |
| 6 | 1 | 5 |
| 7 | 1 | 6 |
| 8 | 2 | 6 |
| 9 | 2 | 7 |
| 10 | 2 | 8 |
| 13 | 2 | 11 |
| 15 | 2 | 13 |

**Cyngor i'r arholiad**

Cofiwch dalu sylw i'r **geiriau gorchmynnol** a'r hyn sy'n cael ei ofyn yn y **testun**. Goleuwch y rhain gyda lliwiau gwahanol fel eich bod yn gallu galw i gof beth sydd ei angen er mwyn ateb y cwestiwn sydd wedi'i osod.

## Sut maen nhw'n marcio?

Bydd yr arholwr yn defnyddio **Amcanion Asesu (AA)** i farcio eich gwaith. Dyma'r amcanion asesu ar gyfer Uwch Gyfrannol a Safon Uwch:

**AA1:** Dangos gwybodaeth a dealltwriaeth ynghylch lleoedd, amgylcheddau, cysyniadau, prosesau, rhyngweithiadau a newid ar amrywiaeth o raddfeydd.

**AA2:** Cymhwyso gwybodaeth a dealltwriaeth mewn gwahanol gyd-destunau i ddehongli, dadansoddi a gwerthuso gwybodaeth a materion daearyddol.

**AA3:** Defnyddio amrywiaeth o sgiliau meintiol, ansoddol a gwaith maes perthnasol i:
- **1:** ymchwilio i gwestiynau a materion daearyddol
- **2:** dehongli, dadansoddi a gwerthuso data a thystiolaeth
- **3:** creu dadleuon a llunio casgliadau

## Bandiau Marcio

Bydd yr arholwr yn defnyddio bandiau marcio ar gyfer pob Amcan Asesu fel sail i'w benderfyniad. Dyma'r safonau y mae'r marcwyr yn edrych amdanyn nhw ar gyfer pob band terfynol.

**Band 3 cwestiynau strwythuredig:** Bydd angen i'r atebion i'r cwestiynau strwythuredig (/13) fod yn glir, yn ffeithiol gywir ac yn dangos gwybodaeth a dealltwriaeth o'r testun. Bydd angen cynnwys a thrafod enghreifftiau penodol gyda llinfapiau a diagramau. Bydd angen i'r disgrifiadau fod yn glir. Bydd unrhyw waith ystadegol yn gyflawn ac yn ddealladwy. Bydd yr atebion i'r **traethodau byr** (/15) yn dangos eich bod yn gallu trin a thrafod y testun yn dda ac yn ymateb i ofynion y geiriau gorchmynnol (e.e. eglurwch neu gwerthuswch). Bydd y wybodaeth yn fanwl ac yn gywir gydag enghreifftiau penodol yn cefnogi'r ateb. Byddwch yn dangos bod gennych ddealltwriaeth lawn o ofynion y cwestiwn.

**Band 2 cwestiynau strwythuredig:** Mae'r atebion yn aml yn anghytbwys gydag ymatebion rhannol yn unig i'r cwestiwn. Bydd diffyg trefn strwythuredig i'r ateb hefyd. Mae'r ateb yn dangos gwybodaeth ond dydy'r wybodaeth honno ddim bob amser yn gywir nac wedi ei deall yn iawn. Bydd y **traethodau byr** yn dangos peth dealltwriaeth ond heb fod yn cynnig y cyfan o'r wybodaeth. Bydd yr enghreifftiau yn gywir ar y cyfan ond heb ddangos gwybodaeth lawn. Bydd diagramau a gwaith ystadegol yn llai cynhwysfawr. Bydd llai o ddealltwriaeth o'r geiriau gorchmynnol a bydd tystiolaeth o gamddeall o'r hyn sydd ei angen. Bydd mwy o ddisgrifio a llai o drafodaeth neu ddadansoddiad. Y teimlad ydy fod yr ymgeisydd yn dweud 'dyma'r cyfan rydw i'n wybod ac rwy'n gobeithio ei fod yn berthnasol'. Bydd yr ateb yn llai cynhwysfawr, er enghraifft, trafod dau achos pryd byddai trafod mwy o enghreifftiau yn debygol o ennill mwy o farciau.

**Band 1 cwestiynau strwythuredig:** Bydd yr atebion yn fyrrach ac yn dangos gwybodaeth ffeithiol fwy tameidiog. Efallai nad oes yna enghreifftiau perthnasol neu fod un enghraifft yn unig ar gael heb lawer o fanylion pellach. Bydd unrhyw ddiagramau yn rhai sylfaenol ac/neu'n anghyflawn. Bydd ymatebion ystadegol yn cael eu hesgeuluso. Bydd y **traethodau byr** yn gallu bod yn gasgliad o syniadau digyswllt sydd heb eu datblygu'n llawn. Efallai mai nodiadau byr fydd yn cael eu defnyddio a dydy'r ateb ddim yn berthnasol i'r cwestiwn. Mae'r geiriau gorchmynnol wedi cael eu diystyru.

**0 marc:** Dydy'r ateb ddim yn haeddu marc gan nad ydy'r cwestiwn wedi'i ateb.

Bydd rhaid ateb y traethodau byr o fewn 13–15 munud. Dydy hyn ddim yn golygu bod angen eu hateb mewn llai o ddyfnder na'r traethodau hir. Mae'n sgil o'r radd flaenaf i ysgrifennu ateb cryno sy'n cynnwys y dadleuon perthnasol ynghyd â chynnig enghreifftiau o fewn yr amser yma (un ochr A4 mewn 13–15 munud).

## Sgiliau daearyddol

Fel daearyddwr, mae disgwyl i chi feistroli nifer o sgiliau gwahanol. Mae meithrin sgiliau meintiol gan ddefnyddio technegau mathemategol, cyfrifiannu a dulliau ystadegol yn hollbwysig. Bydd hyn yn eich helpu i gofnodi prosesau a ffenomenau. Mae'n bwysig hefyd eich bod yn meithrin sgiliau ansoddol drwy ddefnyddio data cartograffig a data GIS (System Gwybodaeth Ddaearyddol), delweddau gweledol neu gynnal cyfweliadau sydd ddim yn defnyddio technegau rhifiadol. Mae'r fanyleb ar gyfer y cwrs hwn yn cynnwys y manylion llawn am y sgiliau daearyddol hyn. Bydd rhai sgiliau ystadegol yn cael eu cyflwyno yn y llyfr hwn tra bydd eraill yn cael eu cyflwyno mewn llyfrau sy'n cyd-fynd. Dydy'r profion mathemategol ac ystadegol ddim yn gyfyngedig at ddefnydd **Lleoedd newidiol** yn unig ac fe fyddan nhw'n cael eu defnyddio mewn mannau eraill hefyd.

## Cysyniadau arbenigol

Mae deall ystyr y termau canlynol yn hanfodol i bawb sy'n astudio Daearyddiaeth Safon Uwch. Cofiwch ddefnyddio'r termau hyn yn eu cyd-destun cywir. Bydd disgwyl i chi wybod sut mae defnyddio'r termau yn yr arholiad, felly rhoddir sylw ychwanegol iddyn nhw o fewn penodau'r llyfr hwn.

**Achosiaeth:** y berthynas rhwng achos ac effaith. Mae gan bopeth achos neu achosion.

**Adborth:** sut mae newidiadau amgylcheddol yn gallu cynyddu neu leihau o ganlyniad i'r prosesau sy'n gweithredu o fewn y system ddynol a ffisegol.

**Addasiad:** y gallu i ymateb i newid ynghyd â'r gallu i leihau effeithiau newid sy'n digwydd ar hyn o bryd neu a fydd yn digwydd yn y dyfodol.

**Anghydraddoldeb:** y gwahaniaethau cymdeithasol ac economaidd (mewn incwm a chyfoeth) rhwng pobl â'i gilydd a lleoedd â'i gilydd. Yn ôl Robert Schiller (Enillydd Gwobr Nobel mewn Economeg, 2013), dyma yw'r bygythiad mwyaf i gymdeithas heddiw.

**Amser:** rhan bwysig i fesur newid dros gyfnod o amser. Gall y cyfnod amser fod yn hir neu'n fyr. Gall fod yn ymestyn o gyfnod o eiliadau i ddegawdau, canrifoedd neu hyd yn oed amser daearegol. Mae modd cysylltu amser â phellter rhwng gwrthrychau a phobl.

**Cyd-ddibyniaeth:** y syniad fod pawb yn dibynnu ar ei gilydd er budd pawb ar draws y byd – ffaith sy'n wir am economi'r byd, masnach, cyfathrebu a chynhyrchiad. Maen nhw i gyd yn ddibynnol ar ei gilydd.

**Cynaliadwyedd:** y syniad fod unrhyw ddatblygiad newydd yn cyflenwi anghenion y presennol heb amharu ar allu cenedlaethau'r dyfodol i ymateb i'w hanghenion nhw. Mae dau gysyniad pwysig yma sef:

1  Bod dŵr, bwyd a chysgod yn hanfodol i bobl dlawd y byd.

2  Bod y wladwriaeth yn gosod cyfyngiadau o ran technoleg a threfniant cymdeithasol ar allu'r amgylchedd i gynnal anghenion y presennol a'r dyfodol.

**Cynrychioliad:** sut mae lle neu ardal yn cael ei bortreadu gan asiantaethau cyhoeddus (fel y cyngor lleol neu neu asiantaeth dwristiaeth) a sut mae pobl yn teimlo am yr hyn y maen nhw'n ei weld a'i brofi. Gall hyn hefyd gynnwys sut mae pobl yn cael eu cynrychioli'n wleidyddol neu sut mae lle yn cael ei bortreadu mewn llenyddiaeth neu ar y cyfryngau.

**Globaleiddio:** datblygiadau byd-eang sy'n effeithio ar wledydd, rhanbarthau, aneddiadau a lleoliadau. Proses sy'n dangos bod pob rhan o'r byd yn gyd-ddibynnol. Mae'r economi byd-eang bellach wedi'i integreiddio a phawb yn ddibynnol ar ei gilydd.

**Gofod:** y lle ar wyneb y ddaear sy'n cael ei lenwi gan wrthrych neu wrthrychau a'r pellter sydd rhwng y gwrthrychau hynny. Dyma egwyddor bwysig mewn daearyddiaeth gan ei bod yn sail i ddosbarthiad gofodol a chydberthynas ofodol.

**Graddfa:** rydyn ni'n gyfarwydd â graddfa ar fap. Ond, mae'r term hefyd yn gallu cyfeirio at faterion penodol sy'n derbyn llawer o sylw mewn un lle ond yn derbyn llawer llai o sylw mewn ardal arall. Mae'n bosib defnyddio graddfa i gymharu ardaloedd o'r un maint hefyd.

**Gwahaniaeth:** sut mae lleoedd, pobl a gwrthrychau'n wahanol i'w gilydd. Gellir mesur hyn yn ystadegol, yn feintiol neu drwy gasglu barn y bobl.

**Gwytnwch:** gallu pobl neu bethau i addasu i newidiadau sy'n cael effaith negyddol arnyn nhw.

**Hunaniaeth:** yr hyn y mae pobl yn ei deimlo am le neu leoedd. Mae hyn yn newid ar sail canfyddiad a phrofiadau unigolion gwahanol. Hunaniaeth yw'r hyn y mae lle arbennig yn ei olygu i berson.

**Lle:** mae'n bwysig eich bod yn deall beth yw ystyr y term pwysig hwn. Darn o dir wedi'i feddiannu gan berson neu rywbeth arall sy'n rhoi ystyr i'r darn tir hwnnw. Efallai fod gan y lle hwnnw nodweddion unigryw neu bod rhywbeth nodedig amdano. Gall y nodweddion hyn fod yn ganlyniad i sut mae'r lle hwnnw wedi datblygu ac wedi newid. Dyma'r nodweddion sy'n rhoi ystyr i'r lle. Dyma ardal sydd wedi'i chreu gan y berthynas rhwng y lle hwn a lleoedd eraill o faint gwahanol. Mae lle yn lle go iawn ac mae'n rhan o fywyd bob dydd pawb. Mae gan y lle hwnnw ei hunaniaeth, ei bersonoliaeth a'i le ei hun mewn darn o dir. Gall y lle hwnnw newid dros amser. Mae cyfnodau hanesyddol i'w gweld yno (fel map daearegol). Mae'r cyfnodau hanesyddol yn cael effaith fesul cyfnod ar y darn tir hwnnw. Gellir diffinio lle yn ôl:

(a)  ei bensaernïaeth – Nash yn Aberaeron, tai Sioraidd Caerfaddon neu ardal Clifton ym Mryste

(b)  y cyfnod – terasau o dai a adeiladwyd yn y bedwaredd ganrif ar bymtheg yn Abercannaid, Merthyr Tudful a Llwyn yr Eos, Aberdâr

(c) y gweithgareddau economaidd cyfredol a hanesyddol – Shoreditch (*Silicon Roundabout*) a Glyn Ebwy (haearn a dur).

**Lliniariad:** lleihau effaith y ffactorau hynny sy'n cael effaith negyddol ar bobl, lleoedd neu'r amgylchedd.

**Risg:** y posibilrwydd fod penderfyniad sy'n cael ei wneud yn gallu effeithio ar bobl neu le o ganlyniad i'r penderfyniad hwnnw. Mae'r risg hwnnw'n cael ei fesur o ddeall beth sy'n gallu digwydd ar sail yr hyn sydd wedi digwydd yn y gorffennol. Gall y risg hwnnw fod o ganlyniad i benderfyniad dynol sy'n creu risg llygredd i'r amgylchedd neu o ganlyniad i beryglon naturiol, fel llifogydd. Weithiau mae'r risg yn gyfuniad o benderfyniadau dynol a ffactorau naturiol, e.e. Fukushima (daeargryn, tsunami a llygredd ymbelydrol o'r adweithydd niwclear).

**System:** set o wrthrychau sy'n perthyn i'w gilydd. Gall y system fod yn gaeedig – heb symudiad i mewn nac allan o ddeunyddiau nac egni. Neu, gall fod yn system agored – gyda symudiad hanfodol i barhad y system honno'n digwydd.

**Trothwy:** y galw lleiaf am nwyddau neu'r boblogaeth leiaf sy'n angenrheidiol i greu cynnyrch neu wasanaeth arbennig. Mae yma ffin gritigol nad oes modd ei chroesi os am osgoi newid di-droi'n-ôl.

**Ymlyniad:** y cysylltiad rhwng unigolion a grwpiau o bobl â lle penodol.

**Ystyr:** yr hyn sy'n cael ei arsylwi neu ei ddychmygu gan y daearyddwr yn ogystal â sut mae'r wybodaeth honno'n cael ei throsglwyddo i'r unigolyn.

## Gwaith Maes ac Asesu Di-arholiad

Os ydych chi'n astudio Daearyddiaeth Uwch Gyfrannol neu Safon Uwch yna bydd yn rhaid i chi dreulio diwrnod cyfan yn gwneud gwaith maes sy'n gysylltiedig â **Lleoedd newidiol**. Bydd rhaid i'r ysgol neu'r coleg lenwi ffurflen i gadarnhau eich bod wedi ymgymryd â gwaith maes a bydd y ffurflen hon yn cael ei chynnwys gyda'ch Ymchwiliad Annibynnol. Bydd myfyrwyr sy'n astudio'r cwrs Uwch Gyfrannol yn gorfod ateb trydydd cwestiwn yn yr arholiad. Bydd y cwestiwn hwn yn cynnwys yr agweddau generig hynny ar y gwaith wnaethoch chi fel rhan o'ch gwaith maes.

Gall gwaith maes arwain at syniadau ar gyfer eich Ymchwiliad Annibynnol. Gall yr ymchwiliad darddu o rai o'ch hastudiaethau eraill hefyd. Mae modd dewis ymchwilio i unrhyw agwedd o le neu leoedd neu unrhyw ran arall o'r cynnwys creiddiol neu ddewisol sydd yn y cwrs. Bydd rhai syniadau cryno ar gyfer gwaith maes yn cael eu cyflwyno ymhob adran o'r llawlyfr hwn.

# Arweiniad i'r Cynnwys

## ▌Lleoedd newidiol: perthynas a chysylltiad

### Dechrau ar y gwaith

ar eich taith i'r ysgol neu'r coleg, mae'n siŵr y byddwch chi'n teithio drwy ardaloedd gwledig neu ardaloedd trefol. Efallai y bydd yna ferch yn byw mewn tŷ a adeiladwyd mewn pentref yn ystod yr 1980au yn teithio ar yr un bws â chi. Mae'n bosib fod y rhai sy'n byw'n leol yn ei alw'n **bentref** o hyd er ei fod bellach efallai yn rhan o ardal drefol, swbwrbaidd, lawer mwy poblog erbyn hyn. Bydd y ferch yn teithio i'r coleg mewn bws a hynny drwy ardal o dai pâr a adeiladwyd rhwng 1920 ac 1939, ardal a bleidleisiodd i'r Ceidwadwyr yn etholiad cyffredinol 2015, cyn teithio ymlaen drwy barc adwerthu. Yna, bydd y bws yn teithio ar hyd stryd fawr draddodiadol gyda mân fasnachwyr, gwerthwyr tai, siopau elusen, siopau betio a neuadd fingo mewn hen sinema. Dyma ardal nodweddiadol o'r **maestrefi**. Bydd swyddfeydd lleol a swyddfeydd y llywodraeth ar y 'stryd fawr' yma hefyd. Mae'r bws yn parhau ar ei daith drwy ardal sy'n gwerthu ceir ar dir sydd wedi bod yn eiddo i'r fyddin yn y gorffennol. Mae nifer o ddiwydiannau uwchdechnoleg newydd yma hefyd. Yna, mae'r bws yn teithio drwy ardal o dai teras a adeiladwyd yn ystod y bedwaredd ganrif ar bymtheg. Yma hefyd mae sawl siop gornel, tafarndai wedi'u haddasu yn siop uwchfarchnad, siopau cadwyn a sinema sydd wedi'i haddasu i greu mosg. Daw nifer o bobl o dras De Asia ar y bws yn yr ardal hon. Maen nhw'n bryderus am fod cymaint o'r **gymdogaeth** hon wedi pleidleisio dros UKIP yn y gorffennol.

Mae'r bws yn teithio yn ei flaen ar hyd y ffordd sy'n amgylchynu canol y dref. Dyma lle mae'r meysydd parcio a'r ardal siopa sy'n rhydd o geir i'w gweld. Mae'r bws yn cyrraedd pen ei daith ar gyrion canol yr hen dref – ardal sydd wedi peidio â bod yn ganolbwynt ers dros 100 mlynedd.  Dyma ran hyfryd o'r ddinas (*cymdogaeth*) i fyw ynddi (*hunaniaeth*) ac mae'n agos i'r brifysgol leol.

Beth yw nodweddion y lleoedd sy'n cael eu disgrifio wrth i'r ferch deithio i'r coleg? Mae sôn am bensaernïaeth (**tirnodau**), amrywiaeth cymdeithasol, diwylliannol a demograffig yn ogystal ag am broffil economaidd yr ardaloedd hynny. Hefyd, mae'r ferch yn dwyn i gof ac yn creu map meddwl ar sail **llwybr** ei thaith. Mae hi wedi adnabod **ffiniau** rhwng ardaloedd lle mae newid yn cymryd lle, er enghraifft yr ardal o amgylch canol y ddinas. Sylweddolodd fod lleoedd yn ddeinamig gan eu bod yn newid dros amser.

Mae termau gwahanol yn cael eu defnyddio i ddisgrifio'r lleoedd lle mae pobl yn byw. Dyma rai o'r diffiniadau allweddol:

■ **Ardal adeiledig:** Yn ôl cyfrifiad 2011, dyma ardaloedd lle mae adeiladau wedi cael eu codi'n ddi-dor a'r bwlch rhwng yr adeiladau yn llai na 200 metr. Er enghraifft, mae ardal adeiledig Caerdydd yn cynnwys Penarth, Pontypridd a Chaerffili.

■ **Dinas**: Anheddiad mawr sy'n dibynnu'n bennaf ar ddiwydiannau gwybodaeth a gwasanaeth yn ogystal â diwydiannau gweithgynhyrchu. Mae dinas yn gyfuniad o leoedd gwahanol. Yn 2015, roedd dinasoedd y Deyrnas Unedig (DU) yn gorchuddio 9%

**Cyngor i'r arholiad**

Mae'n bwysig iawn eich bod yn sôn yn fanwl am ardal eich cartref a'r ardal o gwmpas eich cartref.

o dir y DU ond yn cynnwys 54% o boblogaeth y DU. Ynddyn nhw mae 59% o'r swyddi yn ogystal â 72% o'r gweithwyr sydd â'r sgiliau uchaf yn byw. Mae 78% o fewnfudwyr newydd yn byw mewn dinasoedd. Ym Mhrydain, drwy siarter brenhinol y bydd dinasoedd yn ennill statws dinas. Mae 69 dinas ar hyn o bryd gyda 51 ohonyn nhw yn Lloegr a 6 yng Nghymru. Mae rhai pobl yn dal i gredu y dylai fod gan bob dinas eglwys gadeiriol. Ond, y gwir yw mai diffiniadau hanesyddol yw'r rhain yn hytrach na diffiniadau sy'n disgrifio swyddogaeth y dinasoedd yma heddiw. Mae gwledydd eraill yn diffinio dinasoedd yn wahanol.

**Cyngor i'r arholiad**

Mae'n bwysig iawn eich bod yn defnyddio'r termau a'r diffiniadau cywir wrth drafod lle neu anheddiad penodol.

- **Rhanbarth dinas**: ardal sy'n cael ei gwasanaethu ac sydd â'i swyddogaeth yn gysylltiedig â dinas, yn cynnwys teithio i'r gwaith.
- **Cymuned**: grwpiau o bobl amrywiol sy'n rhyngweithio â'i gilydd o fewn lleoliad penodol. Mae sawl cymuned wedi'u clymu gyda'i gilydd gan dreftadaeth gyffredin er y gall llawer ohonyn nhw fod yn wahanol iawn i'w gilydd.
- **Cytref/cytrefi**: nifer o ardaloedd trefol sydd wedi ehangu gan uno â'i gilydd i greu ardal drefol fwy, er enghraifft, Manceinion neu ardal y Ruhr yn yr Almaen. Gall y cytrefiad fod yn un ganolfan sy'n lledu allan, fel Llundain, neu gall ehangu o fwy nag un canolfan, er enghraifft, Gorllewin Canolbarth Lloegr.
- **Dinas wasgaredig**: term o UDA ar gyfer diffinio dinasoedd sydd wedi ehangu neu wasgaru allan o ganol y ddinas. Mae ardal drefol San Francisco wedi lledu allan hyd at 60 milltir o amgylch Bae San Francisco a thu hwnt i dalaith California.
- **Pentref noswylio** a **phentref cymudo**: termau a ddefnyddir i ddisgrifio anheddiad lle mae'r gweithwyr yn byw yno ond yn gweithio yn y ddinas gerllaw. Mae gwerthwyr tai yn aml yn defnyddio'r termau hyn i greu'r argraff fod tai newydd wedi'u codi mewn rhannau dymunol o fewn ardaloedd trefol.
- **Ecswrbia**: ardaloedd gwledig y tu hwnt i ardal drefol, lle mae pobl sy'n gweithio yn yr ardal drefol yn byw.
- **Hwb byd-eang**: dinas fawr sy'n allweddol bwysig i gyfundrefn economaidd a chyllidol byd-eang, er enghraifft, Llundain, Tokyo, Shanghai, Efrog Newydd.
- **Pentrefan/Pentrefannau**: clwstwr bychan o aneddiadau/ffermydd sy'n brin o wasanaethau.
- **Anheddau ar eu pennau eu hunain**: un neu ddau o anheddau mewn ardal wledig. Mae'r ardaloedd hyn yn brin eu poblogaeth fel arfer.
- **Ardal**: term sy'n disgrifio lle mae pobl yn byw eu bywydau o ddydd i ddydd. Yr ardal lle maen nhw'n byw ac yn gweithio. Gall maint yr ardal amrywio. Mae daearyddwyr yn defnyddio'r term yn llac, felly gall amrywio rhwng ardal wledig fechan neu ardal drefol fawr.
- **Dinas anferth**: dinas gyda phoblogaeth fawr iawn, er enghraifft, Shanghai, Tokyo, Dinas Mexico.
- **Megalopolis**: ardaloedd trefol mawr ac ardaloedd maestrefol yn uno â'i gilydd, er enghraifft, Boswash sef yr ardal rhwng Boston a Washington DC yn UDA.
- **Ardal Metropolitan**: term sy'n cael ei ddefnyddio'n aml am gytref.
- **Ardal adeiledig fechan mewn ardal wledig**: ardal wledig gyda phoblogaeth y prif anheddiad yn llai na 10,000 o bobl.
- **Cymdogaeth**: ardal breswyl sydd â'i chymeriad arbennig ei hun. Mae'r tai, y bobl a'r ffordd o fyw mewn cymdogaeth yn debyg. Defnyddiwyd y term hwn yn helaeth yn yr 1960au wrth ddisgrifio trefi newydd oedd yn cael eu hadeiladu ar dir gwyrdd.
- **Ardal Drefol Gynradd**: ardal adeiledig sy'n ymestyn tu hwnt i'r ffiniau gweinyddol. Am fwy o fanylion ewch i www.centreforcities.org.

■ **Anheddiad gwledig**: pentref, pentrefan a/neu ffermydd yn y wlad lle'r arferai'r boblogaeth weithio mewn diwydiannau gwledig. Mae'r rhan fwyaf o'r boblogaeth sy'n byw yng nghefn gwlad yn gweithio y tu hwnt i'r ardal wledig. Yn y Deyrnas Unedig (DU), mae canran uchel o'r rhai sy'n byw mewn pentrefi bach a mawr wedi ymddeol yno o swyddi yn y ddinas neu'n teithio i'w gwaith mewn ardal drefol gerllaw. Yn 2014, dywedodd Peter Hall mai ychydig iawn o aneddiadau gwledig sydd o fewn 150 milltir i Lundain.

■ **Cwr gwledig-trefol**: term a ddefnyddiwyd ar un tro i gyfeirio at yr ardal sy'n amgylchynu ardal drefol. Ardal sy'n cynnwys elfennau o'r ardal drefol, fel maes golff, yn ogystal â chefn gwlad agored.

■ **Maestref**: ardal o dai preswyl sydd wedi'u codi o amgylch craidd neu ganolbwynt tref neu ddinas. Bellach, mae'r maestrefi hyn yn cynnwys diwydiant, adwerthu, swyddfeydd, canolfannau hamdden ac adloniant a thir agored ar gyfer y cyhoedd.

■ **Tref**: ardal drefol fechan gydag amrywiaeth o wasanaethau a allai gynnwys ambell adwerthwr annibynnol, ysgolion (gan gynnwys ysgolion uwchradd), swyddfeydd post, banciau a gwerthwyr tai.

■ **Pentref**: anheddiad bychan, gwledig gyda rhai nodweddion, er enghraifft, swyddfa'r post, siopau, tafarndai, capel neu eglwys. Gall maint y boblogaeth o fewn pentref amrywio o rhwng 200–7,000 o bobl yn y DU. Yn yr Eidal, ar y llaw arall, gall y boblogaeth mewn pentref fod yn llawer uwch.

■ **Dinas byd**: ystyr mwy eang na hwb byd-eang, sy'n cynnwys dinasoedd sy'n ddylanwadol o ran economi'r byd, er enghraifft, Hong Kong, Singapore, Frankfurt, Paris.

Nid yw'r termau hyn yn hollol arwahanol gan fod cymunedau ac ardaloedd mewn pentrefi a maestrefi dinasoedd. Maen nhw'n bodoli o fewn lleoedd mwy ac mae'r cyfuniad o ardaloedd neu gymunedau yn rhoi ystyr i'r lleoedd hynny.

> ### Tasg hunan-astudio
>
> Sut fyddech chi'n categoreiddio ardal eich cartref chi? Beth yw maint yr ardal? Beth sy'n gwneud eich ardal chi yn arbennig heddiw ac yn y gorffennol? Oes gan eich ardal chi ei hunaniaeth a'i phersonoliaeth ynghyd â lleoliad unigryw?

## Beth sy'n gwneud lle yn lle arbennig?

Tref farchnad neu bentref mawr yng Ngorllewin Sussex yw **Arundel**. Roedd bywyd yn Arundel yn ystod yr 1960au yn wahanol ac eto'n debyg mewn sawl ffordd i fywyd yno yn 2017 (amser). Pobl leol oedd yn berchen y siopau yn ystod yr 1960au. Roedd siop lysiau a ffrwythau, cigydd, llaethdy, siopau dillad dynion a merched, dau fanc, gemydd, sinema a nifer o ffatrïoedd bach yn gwasanaethu'r bobl leol. Stad Castell Arundel, gyda'i ffermydd a'i cheffylau rasio, oedd prif gyflogwr nifer o'r bobl leol, er bod rhai yn cymudo ar fws neu drên i Lundain neu i drefi cyfagos. Roedd yno nifer o dafarndai, yn cynnwys hen dafarn y goets fawr. Adeiladwyd stad o dai cyngor ar gyrion y dref (hunaniaeth). Gwelwyd lleihad yn y boblogaeth yn ystod y ddegawd flaenorol ac roedd 21% o'r trigolion wedi ymddeol.

Bellach, mae Arundel (poblogaeth 4,928 yn 2011) yn ganolfan wyliau o fewn Parc Cenedlaethol y South Downs. Ymysg yr atyniadau mae castell (sydd bellach yn fwy masnachol ei naws), eglwys gadeiriol, carchar, amgueddfeydd a safle sy'n eiddo i'r Wild Fowl and Wetlands Trust. Mae hunaniaeth a chymeriad Arundel wedi newid o ganlyniad i foderneiddio. Yng nghanol y dref mae nifer dda o siopau hen bethau ac orielau bychain, siop hen lyfrau a siopau bwyd arbenigol. Mae yma hefyd amrywiaeth o lefydd bwyta, hen dafarn y goets fawr, bwytai a chaffis sy'n cynnig amrywiaeth eang o fwyd – yn arbennig felly ar gyfer ymwelwyr.

Mae'r ddau fanc yn Arundel yn, neu wedi cau. Doedd dim digon o alw'n lleol i gynnal y fath wasanaeth a doedd y banciau bellach ddim yn hyfyw. Mae marchnad y ffermwyr wedi dychwelyd i'r dref ac mae Arundel bellach yn dref Masnach Deg. Mae'r rhan fwyaf o'r boblogaeth yn cymudo i drefi mwy i weithio erbyn hyn. Mae rhai'n defnyddio'r car ac eraill yn dal trên i Lundain. Aros yn gyson ar 21% wnaeth y nifer o bobl sydd wedi ymddeol yn y dref. Mae'r Swyddfa Ystadegau Gwladol yn nodi mai 'cymuned hŷn sy'n byw ar lan y môr mewn ardal wledig' yw Arundel. Mae'r dref yn debyg i ardaloedd glan môr fel Littlehampton a Bognor Regis ac ardaloedd gwledig fel Petworth a Midhurst. Mae Arundel wedi newid dros amser wrth i'r economi ddibynnu mwy ar y gwasanaethau hynny sy'n darparu ar gyfer twristiaeth. Er hynny, prin fu'r newidiadau i'r hen dref. Ond er bod yr adeiladau wedi aros yr un peth, mae swyddogaeth yr adeiladau hynny wedi newid. Newidiadau cymdeithasol ac economaidd sydd i'w gweld, nid newidiadau i bensaernïaeth y dref. Dyna pam ei bod hi bellach yn ganolfan ymwelwyr. Mae'r dref wedi llwyddo i oresgyn i'r presennol ac wedi profi ei bod yn wydn (*resilient*) i newid.

**Clovelly, Cernyw**. Mae economi Clovelly wedi newid dros amser ond mae'r golygfeydd yr un mor drawiadol ag erioed. Porthladd pysgota bychan oedd Clovelly wedi'i leoli yng ngheg dyffryn serth. Roedd pysgota mecryll yn bwysig iawn yno. Adeiladwyd y tai ar ochrau serth y dyffryn ac ymylon y clogwyni. Mae'r pentref bellach yn atyniad mawr i dwristiaid a'i bersonoliaeth yn cael ei *gynrychioli* gan yr harbwr. Yn dilyn rheolau llym yr Undeb Ewropeaidd yn cyfyngu ar bysgota, dirywiodd pwysigrwydd y diwydiant pysgota lleol. Dim ond un cwch pysgota sydd yn Clovelly erbyn hyn. Ar yr un pryd, blodeuodd y diwydiant twristiaeth. Er bod grymoedd allanol wedi newid sail economaidd Clovelly, mae'r ddelwedd o'r lle yn aros yn gadarn (*resilient*).

Gall y syniad o le fod yn ardal fawr ag iddi sawl delwedd wahanol.

## Bro'r Llynnoedd – parhad a newid

Mab i ffermwr defaid ym Mro'r Llynnoedd oedd James. Mae'n cofio bod mewn gwasanaeth boreuol yn yr ysgol yn 1987 a'i athro'n sôn wrthyn nhw am Fro'r Llynnoedd. Dyma eiriau'r athro hwnnw:

> 'I realised that curiously she knew, and claimed to love, our land. But she talked about it … in terms that were completely alien to my family and me. She loved a "wild" landscape, full of mountains, lakes, leisure and adventure, lightly peopled with folk I had never met. The Lake District in her monologue was the playground for an itinerant band of climbers, poets, walkers and daydreamers … people whom, unlike our parents, or us, had 'really done something'. Occasionally she would utter a name in a reverential tone and look in vain for us to respond with interest. One was Alfred Wainwright, another Chris Bonnington; and she kept going on about someone called Wordsworth. … Sitting in that assembly was the first time I'd encountered this romantic way of looking at our landscape. I realised that the landscape we loved, where we had belonged for centuries, the place known as The Lake District, had a claim to ownership submitted by other people, based on principles I barely understood.

> But, above all I would learn that our landscape changed the rest of the world. It is where the idea that all of us have a direct sense of 'ownership' (regardless of property rights) of some places or things because they are beautiful, or stimulating, or just special was put into words. …

> Above all, … I learnt that we are not the only ones that love this place. It is, for better or worse, a scenic playground for the rest of Britain, and for countless other people from around the world. I simply had to travel over the fell to Ullswater to

**Tasg hunan-astudio**

Sut fyddech chi'n categoreiddio ardal eich cartref chi? Beth yw maint yr ardal? Beth sy'n gwneud eich ardal chi yn arbennig heddiw ac yn y gorffennol? Oes gan eich ardal chi ei hunaniaeth a'i phersonoliaeth ynghyd â lleoliad unigryw?

see the cars streaming past on the roads or the crowds milling around the shore of the lake, to see what this means. … Today 16 million people a year come here to an area with 43,000 residents. Many farms depend upon tourism for the income and running. In some valleys 60–70% of the houses are second homes or holiday cottages, so that many local people cannot afford to live in their own communities. The locals speak begrudgingly of being "outnumbered" and all of us know that we are in every way a tiny minority in this landscape. The teacher's idea of the Lake District was created by an urbanised and increasingly industrialised society over the past 200 years. It was a dream of a place for a wider society that was full of people disconnected from the land. That dream was never for us, the people who work this land. We were already here doing what we do.'

Hawlfraint James Rebanks (2015), atgynhyrchwyd drwy ganiatâd gan Penguin Books Cyf.

Darllenwch y darn yn ofalus cyn mynd ati i gymharu a gwrthgyferbynnu'r ddau ddisgrifiad o Fro'r Llynnoedd fel lle.

**Profi gwybodaeth 1**

Ydych chi'n gallu nodi'r ffactorau technolegol, demograffig a gwleidyddol sydd wedi arwain at yr hyn mae Redbanks yn ei ddisgrifio?

## Parhad a newid mewn lleoliadau cyferbyniol

'Cannery Row in Monterey in California is a poem, a stink, a grating noise, a quality of light, a tone, a habit, a nostalgia, a dream.'

John Steinbeck, *Cannery Row,* Penguin Modern Classics (1945)

Ysgrifennwyd y disgrifiad hwn o Cannery Row yn 1945. Mae'r dyfyniad yn disgrifio sut le oedd yno yn yr 1930au. Mae'r disgrifiad hwn yn wahanol iawn i'r hyn a welir yno wyth deg mlynedd yn ddiweddarach. Ewch i **www.canneryrow.com** i weld faint o newid sydd wedi bod. Defnyddir cynrychioliad Steinbeck i roi ystyr a hunaniaeth i'r ardal fel canolfan i dwristiaid heddiw.

Efallai bod yna gymunedau gwledig a threfol eraill ag ystyron cyferbyniol wedi'u rhoi i'r le. Er enghraifft, mae ystyron gwahanol i le arbennig yn ystod y dydd a'r nos (lle mae'r clybiau nos yn llawn bywyd) yn Stryd y Farchnad yng Nghaerdydd neu Farchnad Bigg yn Newcastle.

**Cyngor i'r arholiad**

Gwnewch yn siŵr bod gennych ddigon o wybodaeth am o leiaf un lle cyferbyniol. Gallwch wedyn gymharu'r lle hwnnw gyda'r lle rydych chi'n byw ynddo.

### Gwaith maes

Mae'n bosib casglu data a disgrifiadau o le (drwy gyfweliadau, data ansoddol neu drwy recordio llais pobl leol yn cofio'r gorffennol). Bydd casglu gwybodaeth o'r fath yn gyfle i weld beth yw'r ffactorau sydd wedi creu newid a sut mae'r newidiadau hynny wedi effeithio ar y bobl sy'n byw yno.

### *Foster City, California*

Un lle sy'n cynnig ei hun fel **lle cyferbyniol** yw Foster City, California (Ffigur 1). Mae Foster City yn anheddiad cefnog sydd wedi'i gynllunio o'r newydd. Roedd 32,377 yn byw yno yn 2013. Adeiladwyd yr anheddiad ar dir wedi'i adfer o dir corslyd ar lan orllewinol Bae San Francisco. Prynodd Jack Foster Ynys Brewer a'r tir corslyd o gwmpas yn 1958. Aeth ati wedyn i ddraenio'r ardal a chodi lefel y tir o 10.7m³ drwy godi'r tywod a'r mwd o'r Bae i'r tir.

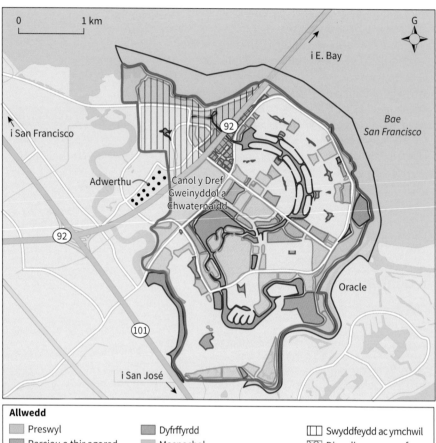

**Allwedd**

| | |
|---|---|
| ▥ Preswyl | ▥ Dyfrffyrdd |
| ▥ Parciau a thir agored | ▥ Masnachol |
| ▥ Coetir a pharcdir | — Ffin y Ddinas |
| ▥ Addysg | |

- ⊞ Swyddfeydd ac ymchwil
- ⊠ Diwydiannau ysgafn

**Ffigur 1** Foster City, California

Mae Foster City erbyn hyn yn ardal drefol unigryw a'i hunaniaeth arbennig ei hun. Mae'n ffinio Bae San Francisco a chorstir gwlyb Belmont Slough. Mae'r safle yn gorchuddio 86 hectar o dir ac yn cynnwys 16 milltir o ddyfrffyrdd sy'n cynnwys lagwnau'r Slough, a grëwyd wrth ffurfio'r anheddiad gwreiddiol. Mae'r bobl leol yn teithio o le i le mewn cychod bach – cychod trydan, cychod hwylio neu gychod rhwyfo.

Mae 'ddinas' yn gorchuddio 97,346 hectar. Mae yma gymuned o bobl sy'n ennill cyflogau canolig neu uwch (Ffigur 1). Dros gyfnod o amser mae cynnydd wedi bod yn y bobl sydd wedi ymddeol. Does dim canol i'r ddinas fel y cyfryw. Yr hyn sydd yn y canol yw swyddfeydd gweinyddol a swyddfeydd rhanbarthol ar gyfer Visa ac IBM. Mae nifer o ganolfannau adwerthu bychain i'w cael yno ac mae'r brif ardal siopa mewn canolfannau siopa mawr ar ffiniau'r ddinas neu y tu hwnt i'r ffiniau hynny. Cymudo i weithio yn rhywle arall y mae'r rhan fwyaf o'r bobl sy'n byw yno, er enghraifft, i Ddyffryn Silicon (gweler tudalen 60). Yn y sector cwaternaidd a'r economi gwybodaeth (*knowledge economy*) y mae'r mwyafrif o swyddi. Mae nifer fawr o gwmnïau wedi symud i mewn i'r ardal a chlystyru yn ymyl y prif ffyrdd sy'n arwain o ddinas wasgaredig Foster City ac eraill. Erbyn 2015 roedd 16,000 o bobl yn gweithio yma gyda nifer da ohonyn nhw'n cymudo o'r dinasoedd ar lan Bae San Francisco.

Mae cyfansoddiad poblogaeth Foster City yn ychwanegu at greu hunaniaeth arbennig. Yn 2013 roedd 46% o dras Asiaidd – y mwyafrif ohonyn nhw wedi'u geni yn China (gan gynnwys Hong Kong), India, Japan a Taiwan (*cyd-ddibyniaeth*). Dyma'r rhai sydd â'r cyflogau uchaf, ar gyfartaledd. Mae poblogaeth wyn UDA ynghyd â phobl o Ewrop yn cyfrif am 41% o gyfanswm y boblogaeth (mae 20% ohonyn nhw wedi'u geni y tu allan i UDA a dim ond 38% sydd wedi'u geni yn California). Mae 6.5% o dras Sbaenaidd, sy'n llawer iawn llai na gweddill California. Poblogaeth Affricanaidd-Americanaidd sy'n cyfrif am 2.1% o'r boblogaeth gyfan. Ar gyfartaledd, dyma'r rhai sy'n derbyn y cyflogau isaf. Dinas o fewnfudwyr â hunaniaeth aml-ddiwylliannol yw Foster City. Mae costau byw yma 2.5 gwaith yn fwy na'r cyfartaledd ar gyfer UDA. Yr incwm cyfartalog yw $160,000. Mae pris tŷ ar gyfartaledd tua $1 miliwn (tua £750,000 yn 2016) gyda rhai tai yn costio $2.5 miliwn (tua £1.90 miliwn).

Weithiau, gall un **tirnod** neu wrthrych ddiffinio hunaniaeth lle. Mae tua 13,000 o'r rhai sy'n gweithio ym mhencadlys Google yn Mountain View yn beicio o un adeilad i'r llall (Ffigur 2). Does dim arwyddion yn nodi swyddogaethau'r gwahanol adeiladau y tu allan i bob un, felly mae lleoliad y beics sydd wedi'u parcio (*cynrychioliad*) yn rhoi syniad o faint 'Campws Google'. Mae gwasanaeth bws rhad ac am ddim hefyd ar gael i weithwyr Google, sy'n ymestyn hyd at 60 milltir o'r pencadlys. Gellir gweld patrwm eu taith i'r gwaith drwy sylwi ar y llwybrau rhwng lle mae pobl yn byw a lle maen nhw'n gweithio.

Mae gan ardal Brixton yn ne Llundain ei harian arbennig ei hun y gall y bobl leol ddefnyddio, sef punt Brixton (£). Y syniad yw fod pobl wedyn yn gwario'u harian yn Brixton yn hytrach na mynd i rywle arall i wneud hynny. Mae'r bunt arbennig hon, sydd â llun o'r eicon lleol, David Bowie arni, yn diffinio ffiniau allanol Brixton (*cynrychioliad*).

**Ffigur 2** Beiciau Google

**Profi gwybodaeth 2**

Ydych chi'n gallu meddwl am enghreifftiau o leoedd eraill sy'n cael eu diffinio gan ryw wrthrych neu'i gilydd? Oes yna leoedd yn y DU sy'n cael eu diffinio gan eu harian eu hunain?

# Ffactorau sy'n siapio'r newid mewn hunaniaeth a nodweddion lle

Mae Tabl 1 yn rhestru'r ffactorau sy'n effeithio ar hunaniaeth a chymeriad pentref, cymdogaeth neu ranbarth.

**Tabl 1** Ffactorau sy'n gyfrifol am newid hunaniaeth lle

| Ffactorau | Pentref | Cymdogaeth | Maestrefi | Canol y Dref | Rhanbarth |
|---|---|---|---|---|---|
| Diwylliannol | Economi newydd | Wedi'i seilio ar y gymuned | Arwahanu (segregation) | Ardal hamddena | — |
| Economaidd | Gostyngiad mewn diwydiannau cynradd a chynnydd mewn cyflogaeth yn y gwasanaethau | Addasiadau i'r newidiadau demograffig newydd | Stadau diwydiannol/ swyddfeydd | Twf yn y diwydiannau trydyddol a chwaternaidd (quaternary), gweithgareddau ymchwil a datblygu | Dad-ddiwydiannu: Newidiadau byd-eang, e.e. y we, cwmnïau amlwladol |
| Buddsoddiad | Buddsoddwyr byd-eang; Economi gwledig newydd | Adfer | Adnewyddu | Buddsoddiad mewn adwerthu a chyfleusterau hamdden | Mewnfuddsoddiad/ buddsoddiad uniongyrchol o dramor, buddsoddiad mewn isadeiledd |
| Adnoddau | Defnydd tir newydd | Wedi'i seilio ar y gymuned: adwerthu arbenigol | — | Diwydiannau gwybodaeth: prifysgolion | Hygyrchedd yn genedlaethol ac yn rhyngwladol |
| Demograffig | Poblogaeth sy'n heneiddio | Pawb yr un fath | Heneiddio, cymunedau amrywiol | Aildrefoli, boneddigeiddio | Diweithdra, amddifadedd |
| Mudo | Yr ifanc yn gadael a phobl hŷn yn symud i mewn | Magu teulu | Symud yn ystod cyfnodau gwahanol o fywyd, arwahanu cymdeithasol | Fflatiau myfyrwyr | Mudo i mewn a mudo allan |

| Ffactorau | Pentref | Cymdogaeth | Maestrefi | Canol y Dref | Rhanbarth |
|---|---|---|---|---|---|
| Cynllunio | Anheddiad estynedig: gwrth-drefoli | Gardd-ddinas, unedau yn y gymdogaeth | Lleiniau glas (*green belts*) | Ailddatblygu | Grantiau datblygu |
| Gwleidyddol | Dim yn fy ngardd gefn i (*Not in my back yard – NIMBY*) | Gwarchodaeth gymdogol | — | Ailfrandio | Polisïau Rhanbarthol y Llywodraeth |
| Grymoedd byd-eang | Cynhyrchu bwyd ar raddfa fyd-eang | Teledu lloeren | Adwerthu, e.e. ASDA a McDonald's | Banciau byd-eang, cwmnïau ariannol a hamdden; ymwneud preifat | Buddsoddiad Uniongyrchol o Dramor (*Foreign Direct Investment – FDI*) |

## Sut mae parhad a newid yn effeithio ar fywydau?

**Bermondsey** – ardal ar lan ddeheuol yr Afon Tafwys rhwng Pont Llundain a Phont y Tŵr. Dyma ardal sydd wedi gweld llawer o newid dros gyfnod o amser – newid sydd wedi effeithio ar fywydau pobl. Yng nghyfnod Shakespeare roedd yr ardal dlawd hon yn ffinio â phrif groesfan yr Afon Tafwys. Roedd yma farchnadoedd ynghyd â llefydd i angori cychod ar lan yr afon (dyma oedd unig borthladd Llundain ar un cyfnod). Roedd yn ardal o danerdai drewllyd, tafarndai, puteindai a slymiau. Dyma'r ardal a ysbrydolodd Charles Dickens i ysgrifennu *Oliver Twist*.

Yn ystod y bedwaredd ganrif ar bymtheg, roedd cyfres o reilffyrdd yn croesi'r ardal (ardal sydd wedi gweld clirio'r slymiau a chodi tai newydd). Sefydlwyd diwydiannau hefyd gan gynnwys gweithfeydd nwy, argraffdai a ffatrïoedd prosesu bwyd oedd yn cael ei fewnforio i'r porthladd.

Cafodd yr ardal ei dinistrio gan y Blitz yn ystod yr Ail Ryfel Byd. Ar ddiwedd y rhyfel gwelwyd cyfnod o adnewyddu'r ardal a chodi tai cyngor (*achosiaeth*). Daeth dyddiau'r dociau i ben wrth i faint llongau gynyddu gan arwain at godi dociau newydd yn is i lawr yr afon.

Yn yr 1980au, sefydlwyd y *London Docklands Development Corporation (LDDC)* gyda'r nod o ailddatblygu'r ardal. Gwelwyd sefydlu cwmnïau masnachol mewn adeiladau oedd wedi'u haddasu ac addaswyd sawl hen warws yn gartref gan y dosbarth canol. Ar ffiniau gorllewinol yr ardal, codwyd Theatr y Globe (1996) a'r Tate Modern (2000) a ddaeth yn rhan o ardal ddiwylliannol y Lan Ddeheuol (*South Bank*). Lleihau wnaeth nifer y bobl oedd yn gweithio yn y diwydiannau traddodiadol ond gwelwyd cynnydd yn y gwasanaethau cyhoeddus a'r diwydiannau creadigol. Erbyn 2011 roedd y boblogaeth yn cynnwys pobl o nifer o wahanol wledydd (*amlgenhedlig*) a thyfodd yn ardal lle roedd y cymdeithasau gwahanol yn byw ar wahân. Dyma un o ardaloedd tlotaf Llundain (*addasiad ac amser*).

Mam ddi-waith yw Serena sy'n byw ar stad o dai cyngor yn Bermondsey (*cymuned*). Yn ôl Serena: 'Mae pawb sy'n byw ar y stad yn adnabod pawb arall. Mae'n gymuned fechan gyfeillgar (*perthyn*). Does dim cymdeithas i'w chael ar nifer o'r stadau eraill sydd o'n cwmpas gan fod pawb yn byw mewn fflatiau uchel. Mae pobl yn tueddu peidio â symud o'r stad i fyw.'

Mewn cymhariaeth, mae Henrietta, sy'n ymgynghorydd cyfrifiadurol, yn byw mewn fflat sydd wedi'i haddasu o hen warws yn *Butler's Wharf*. Yn ôl Henrietta: 'Rydw i wrth fy modd yma – yn mynd allan am goffi neu fynd i'r becws i nôl bara neu fynd am ddiod yn All Bar One neu fynd i un o'r bwytai gwych (*hunaniaeth*). Mae'r fflatiau yma'n wirioneddol ddrud ond fyddwn i fyth yn meddwl siarad â neb arall yn y lifft.'

Mae'r ddau ddyfyniad yma'n dangos sut mae newid mewn ardal wedi effeithio ar y ffordd mae pobl yn byw.[1]

1 Mae'r dyfyniadau wedi'u haddasu o lyfr Hall, Peter (2007) *London Voices, London Lives,* The Policy Press. Mae'r gyfrol yn cynnwys nifer o gyfweliadau am lefydd yn newid ar draws Llundain.

## Gwaith Maes

Ewch ati i gyfweld â phobl sy'n byw yn eich cymdogaeth chi. Bydd cyfle i chi wedyn weld sut mae newidiadau yn yr economi ac o fewn y gymdeithas wedi effeithio ar eu bywydau. Gofynnwch iddyn nhw pa mor ddiogel maen nhw'n teimlo heddiw. Sut mae'r bobl sy'n byw yno heddiw yn wahanol i'r bobl oedd yn byw yno'n wreiddiol? Gallwch eu holi hefyd os ydy'r math o waith y maen nhw'n ei wneud wedi newid yn ystod yr un cyfnod. Holwch ynglŷn â'r rhesymau am eu hatebion. Un astudiaeth achos ddiddorol fyddai mesur yr effaith a gafodd symud tîm pêl-droed West Ham o gae Boleyn i'r Parc Olympaidd, yn enwedig yr effaith fasnachol wrth i'r cefnogwyr pêl-droed ddiflannu hefyd. Mae cynlluniau ar y gweill i ailddatblygu'r ardal hon bellach.

## Tasg hunan-astudio

Ydych chi wedi byw yn yr un ardal erioed? Os felly, pa agweddau sydd wedi newid a pha agweddau sydd wedi aros yr un fath yn yr ardal? Sut a pham y mae'r newidiadau hyn wedi effeithio arnoch chi? Ydy hyn oherwydd eich bod yn hŷn neu oherwydd bod eich diddordebau wedi newid?

## *Gall digwyddiadau a phenderfyniadau ar raddfa fyd-eang effeithio ar bobl ar raddfa leol*

Yn y gorffennol, roedd penderfyniadau cenedlaethol yn effeithio ar bobl, ond erbyn heddiw, gall penderfyniadau ar raddfa fyd-eang effeithio ar bobl leol. Mae'r ffordd y mae'r economi byd-eang yn gweithio, y patrymau masnach a'r dulliau cyfathrebu wedi creu **cyd-ddibyniaeth** rhwng pob rhan o'r byd.

Yn 2015, cyhuddwyd cwmni Volkswagen (VW) o dorri rheolau allyriadau o'u ceir. Arweiniodd hyn at lai o bobl yn prynu eu ceir. Mae prif ffatri VW yn Wolfsberg, yr Almaen, yn cyflogi tua 70,000 o weithwyr. Yn 2014 fe dderbyniodd y gweithwyr hynny fonws cyflog o €5,900 (tua £4,900). Yn dilyn y sgandal, chafodd y gweithwyr ddim bonws gan fod y cwmni'n gwerthu llai o geir. Cafodd busnesau'r dref eu heffeithio yn eu tro gan fod llai o arian gan y gweithwyr i'w wario. Rhagwelwyd y byddai gostyngiad o 25% yn incwm y rhai oedd yn cynnig meddyginiaethau amgen, hyd yn oed. Canlyniad hyn oedd diweithdra effeithiodd ar siopau, cwmnïau sy'n cyflenwi nwyddau a gwasanaethau eraill. Roedd gweithwyr yn cymryd llai o wyliau oedd hefyd yn cael effaith ar yr economi lleol. Cafodd y cymunedau yn Wolfsberg a'r ardal amgylchynol i gyd eu heffeithio.

Mae nifer o gwmnïau byd-eang wedi cael effaith ar weithgareddau ac ar adwerthu o fewn dinasoedd. Mae Tabl 2 yn dangos pwy sy'n berchen rhai o'r siopau mwyaf cyfarwydd.

**Tabl 2** Cwmnïau yn y Deyrnas Unedig sydd dan berchnogaeth cwmnïau o wledydd eraill

| Enw | Math o weithgaredd a'r cwmnïau eraill sy'n eiddo iddyn nhw | Pencadlys y cwmni |
|---|---|---|
| Aldi | Uwchfarchnad sy'n cynnig disgownt | Teulu o'r Almaen |
| Lidl | Uwchfarchnad sy'n cynnig disgownt | Yr Almaen |
| Asda Stores | Uwchfarchnad | Grŵp Walmart, Arkansas, UDA |
| McDonald's | Bwyd cyflym | Oak Brook, Illinois, UDA |
| Starbucks | Bar coffi | Seattle, UDA |
| House of Fraser | Siop adrannol | Nanjing, China |
| Waterstones | Llyfrwerthwr | Unigolyn o Rwsia |
| Accor | Gwestai: Mercure, Novotel, Ibis, Mama Shelter, Sofitel ac F1 | Paris, Ffrainc |
| Domino's Pizza | Bwyd cyflym | Ann Arbor, Michigan, UDA |
| Grŵp Arcadia | Debenhams, Topshop, Topman, Burton, Dorothy Perkins, Evans, Miss Selfridge, Wallis ac Outfit (tu allan i'r dref) | Llundain, DU |
| Hony Capital | Pizza Express, Zizi, ASK Italian | Beijing, China |

**Profi gwybodaeth 3**

Beth mae Tabl 2 yn ei awgrymu i chi am y cyd-ddibyniaeth sydd rhwng dinasoedd a'r economi byd-eang?

## Crynodeb

- Mae **lle** yn rhan o fywyd pob un ohonom, ac mae gan bawb deimladau gwahanol am leoedd gwahanol.
- Mae hunaniaeth **lle** yn mynd i fod yn wahanol i bob un ohonom ni yn sgil ein hoedran, ein rhyw a'r rhai sy'n ceisio rheoli a chyflyru ein teimladau at le ar ein rhan.
- Mae pob **lle** yn addasu ac yn newid dros gyfnod o amser, gyda hunaniaeth rhai lleoedd yn newid yn sgil digwyddiadau cymdeithasol ac economaidd.

- Mae pobl yn teimlo cysylltiad a pherthynas â **lle**. Gall y teimlad yma o berthyn amrywio rhwng un person a'r llall.
- O ganlyniad gall **lleoedd** ddod yn fwy a mwy cyd-ddibynnol o ganlyniad i ddigwyddiadau byd-eang (*globaleiddio*).
- Cofiwch ddefnyddio'r lleoedd rydych chi'n gyfarwydd â nhw i esbonio eich dadleuon.

# Lleoedd newidiol: ystyr a chynrychioliad

## Sut mae rhoi ystyr i le, a sut mae pobl yn cynrychioli lle?

Mae'r ffordd y mae pobl yn meddwl am le yn ddibynnol ar oedran, statws economaidd, ethnigedd, ideoleg, iaith, gwleidyddiaeth, hil, crefydd a dosbarth cymdeithasol. Mae gan yr Iddew, y Mwslim a'r Cristion syniadau gwahanol iawn i'w gilydd am ddinas Jerwsalem. Mae'n le gwahanol i bob un ohonyn nhw. Mae'n ddinas ranedig gyda phoblogaeth Iddewig a Phalestinaidd (*gwahaniaeth*).

**Tasg hunan-astudio**

Sut mae pobl sy'n byw mewn tŷ ar stad breifat tu ôl i glwydi trydanol yn teimlo? Beth yw barn pobl sy'n byw y tu hwnt i'r clwydi? Sut fyddai barn pobl ifanc a phobl hŷn am Ibiza yn wahanol? Mae i wahaniaethau barn neu'r hyn y mae pobl yn ei feddwl oblygiadau diwylliannol a gwleidyddol.

- Dywedodd pobl ifanc yn Gateshead fod gormod o ofn arnyn nhw ymweld â rhai rhannau o'r dref. Roedd merched (*rhyw*) yn fwy ofnus na bechgyn mewn rhai ardaloedd, er bod tystiolaeth yn dangos eu bod nhw'n llai tebygol o gael eu herlid.
- Mae pobl sy'n ymweld â lle yn edrych ar y lle hwnnw'n wahanol i'r rhai sy'n byw yno (*statws economaidd, dosbarth cymdeithasol, iaith*).
- Mewn astudiaeth arall, roedd pobl ifanc rhwng 16 a 24 oed yn teimlo'n ddiogel yn eu cymdogaeth o dai teras lle roedden nhw'n byw (*hil, ethnigedd* ac *oedran*). Ar y llaw arall, roedd pobl eraill nad oedd yn byw yno'n teimlo nad oedd hi'n ddiogel yno, yn arbennig felly yn ystod oriau'r nos.

**Gwaith maes**

Beth sy'n gwneud lle yn ddiogel? Cymharwch ganfyddiad pobl o oedrannau gwahanol o ardal neu ardaloedd yn eich tref neu yn eich pentref lleol chi. Ydy canfyddiad twristiaid yn wahanol i'r rhai sy'n byw yn lleol?

## Ystyr a chynrychioliad pobl o Harbwr Chichester – Ardal o Harddwch Naturiol Eithriadol

Mae Harbwr Chichester yn Ardal o Harddwch Naturiol Eithriadol (AONB). Mae'r ardal yn cynnwys amrywiaeth eang o amgylcheddau a llefydd trefol o fewn 74 kilometr sgwâr. Sefydlwyd yr ardal hon drwy statud cyfreithiol yn 1971. Mae'r corff sy'n gyfrifol am yr ardal hefyd yn cynllunio ar gyfer ei dyfodol. Mae'r Ardal o Harddwch Naturiol Eithriadol (Ffigur 3) yn cynnwys pentrefi glan môr, er enghraifft, Bosham a West Wittering yn ogystal â threfi marchnad fel Emsworth, Havant (maestref Portsmouth) ar ffin yr ardal ynghyd â chyrchfan wyliau Ynys Hayling. Mae canfyddiad pobl o'r ardal yn amrywio'n fawr. Mae'r ffordd y mae pobl yn uniaethu â'r ardal yn ddibynnol ar beth yw eu canfyddiad o'r lle y maen nhw'n byw a'r profiadau y maen nhw wedi'u cael yn y lleoliad. Mae yna sawl grŵp sy'n rhoi *ystyr* i'r Ardal o Harddwch Naturiol Eithriadol:

- Mae Gwarchodaeth Harbwr Chichester (*Chichester Harbour Conservancy*) yn gyfrifol am y cynllun rheoli a nhw sy'n gweinyddu'r AONB. Yn wleidyddol, mae'r ardal yn perthyn i ddwy sir, sef siroedd Gorllewin Sussex a Hampshire (*gwleidyddol, ideoleg*).

'The importance of conserving the natural environment remains central to our work.'

Gwarchodaeth Harbwr Chichester (2015) *News & Guide.*

- **Preswylwyr**: mae 10,502 o breswylwyr yn byw mewn cymunedau o fewn yr AONB. Cynyddodd y boblogaeth 25% rhwng 1991 a 2014. Yr incwm cyfartalog yw £38,570. Mae 30% o'r boblogaeth dros 60 oed. Mae cyfran o'r dreth gyngor yn cael ei chlustnodi ar gyfer cynnal yr harbwr (*statws economaidd, dosbarth cymdeithasol, oedran, rhyw*).
- **Ail gartrefi**: mae 25% o'r tai yn ail gartrefi (*statws economaidd, dosbarth cymdeithasol*).
- **Cynghorau plwyf**: maen nhw'n pryderu am godiad yn lefel y môr yn ogystal â'r cynnydd yn y carthion sy'n cael eu rhyddhau gan fod mwy o dai yn cael eu codi (*gwleidyddiaeth*).

- **Hamdden – ymwelwyr a thwristiaid**: mae tua 1.5 miliwn o ymweliadau â chyfleusterau hamdden bob blwyddyn. Mae 45% o'r ymwelwyr yn teithio llai na 10 milltir i'r ardal – y rhan fwyaf ohonyn nhw'n mynd i hwylio (*statws economaidd, dosbarth cymdeithasol*).
- **Clybiau hwylio a chanolfannau gweithgareddau addysgol**: mae perchnogion cychod yn talu ffi am gael angori yn yr harbwr (*oedran, rhyw, statws economaidd, dosbarth cymdeithasol*).
- **Sefydliadau sy'n rheoli cadwraeth amgylcheddol**: mae'r sefydliadau hyn yn cynnwys yr Ymddiriedolaeth Genedlaethol, Natural England a'r rhai sy'n gweinyddu Gwarchodfeydd Natur Lleol a Safleoedd o Ddiddordeb Gwyddonol Arbennig (SSSIs). Mae'r sefydliadau sy'n gwneud y gwaith hwn yn ymwybodol fod lefel cymedrig y môr yn codi 5.2mm y flwyddyn ers 1991 (*ideoleg, gwleidyddol*).
- **15 fferm** (*statws economaidd, gwleidyddol*).
- **Cyfeillion Harbwr Chichester**: tua 3,000 o aelodau (*ideoleg, dosbarth cymdeithasol*).
- **Ymddiriedolaeth Harbwr Chichester**: elusen annibynnol a grëwyd er mwyn gwarchod ardal amgylcheddol naturiol o amgylch yr harbwr er budd y cyhoedd.

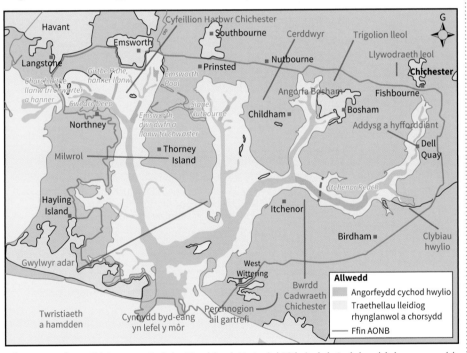

**Ffigur 3** Harbwr Chichester – Ardal o Harddwch Naturiol Eithriadol. Ardal sydd dan wasgedd amgylcheddol.

**Tabl 3** Y cysylltiad a'r canfyddiad o Ardal o Harddwch Naturiol Eithriadol Harbwr Chichester

| Grŵp/sefydliad | Cysylltiad â'r harbwr | Y canfyddiad o leoliad yr harbwr | Profiadau sy'n dylanwadu ar y canfyddiad o le |
|---|---|---|---|
| Preswylwyr lleol | | | |
| Perchnogion ail gartrefi | | | |
| Clybiau cychod hwylio | | | |
| Y Cyngor Cymuned | | | |
| Cadwraeth | | | |
| Ffermwyr | | | |

**Profi gwybodaeth 4**

Ar gyfer pob un o'r grwpiau sy'n cael eu rhestru yn Nhabl 3 copïwch a chwblhewch y colofnau i ddangos sut mae pobl yn ymwneud â'r harbwr fel lle a beth yw eu canfyddiad o'r hyn sy'n digwydd yno. Sut mae eu profiadau wedi effeithio ar rai aelodau o'r grŵp hwnnw i gysylltu ac i lunio canfyddiad o ardal yr harbwr?

## Sut mae lle yn cael ei gynrychioli mewn hysbysebion a deunydd hyrwyddo mewn gwahanol gyfryngau a chyhoeddiadau

### Tasg hunan-astudio

Sut mae eich coleg neu eich ysgol chi yn cael eu cynrychioli mewn cyhoeddiadau? Gall deunydd hyrwyddo fod ar fformat prosbectws print neu ddigidol. Gall fod hefyd ar y cyfryngau cymdeithasol neu ar ffurf adroddiadau mewn papurau bro yn sôn am lwyddiant o safbwynt canlyniadau arholiadau neu drwy gynnal digwyddiadau arbennig. Mae'r holl ddulliau yma o hyrwyddo yn cynrychioli lle.

Ar raddfa fwy, mae'r un peth yn wir am y lle rydych chi'n byw. Chwiliwch am wahanol ffynonellau o wybodaeth sy'n cynrychioli'r lle rydych chi'n byw ynddo. Bydd angen i chi fod yn ymwybodol o ba grwpiau sy'n ysgrifennu'r disgrifiadau sy'n cynrychioli lle dan sylw. Bydd angen ystyried pam fod y wybodaeth wedi'i chyflwyno fel hyn a beth oedd y canlyniadau (Tabl 4).

Mae Tabl 4 yn rhestru nifer o grwpiau sy'n defnyddio'r cyfryngau i hysbysebu ac i hyrwyddo dinas Portsmouth. Gall unigolion hefyd gynrychioli lle drwy ddefnyddio cyfryngau cymdeithasol fel *Facebook* ac *Instagram*. Mae'n bosib seilio **cynrychioliad** ar brofiad personol rhywun a hynny ar sail un ymweliad â lle, er enghraifft, wrth edrych ar dŷ newydd i'w brynu, neu wrth wynebu problemau trafnidiaeth neu yn sgil rhyw ddigwyddiad arall. Gall lle gael ei gynrychioli mewn modd negyddol o ddweud, er enghraifft, fod llifogydd yn digwydd yno'n aml. Ar y llaw arall, gall cyhoeddusrwydd fod yn gadarnhaol yn dilyn llwyddiant unigolyn neu dîm pêl-droed.

**Tabl 4** Sut mae Portsmouth yn cael ei gynrychioli?

| Ffynhonnell | Pwy | Pam | Canlyniad |
|---|---|---|---|
| **Cyngor y Ddinas** | Y blaid wleidyddol sydd mewn grym | Cynnal proffil busnes a masnachol y ddinas; cyfleu neges o ddinas groesawgar | Datblygiadau adwerthu, ardaloedd busnes newydd, incwm o hamdden ac adloniant; derbyn mwy na chyfran deg o ffoaduriaid |
| **Visit Portsmouth** | Cyngor y Ddinas | Hyrwyddo twristiaeth gyda delweddau cadarnhaol | Ymweliadau twristiaid ag atyniadau |
| **investinportsmouth. co.uk** | Cyngor y Ddinas, grwpiau busnes | Swyddi'n cael eu colli yng Nghanolfan y Llynges | Adfywio ac ailddatblygu; twristiaeth |
| **Glannau ac Ynysoedd y Ddinas** | Cyngor y Ddinas | Unigrwydd y lle | Twristiaeth; mewnfudiad pobl a swyddi |
| **Tîm pêl-droed Portsmouth** | Y gymuned sydd berchen y clwb | Hysbysebu'r clwb yn dilyn problemau ariannol | Adennill y safle a gollwyd wedi 2010; mae cefnogwyr y tîm yn gymuned ar ei phen ei hun |
| **Prifysgol Portsmouth** | Prifysgol, y llywodraethwyr, *Universities UK* | Statws yn y DU a thramor | Safle ar restr rhagoriaeth prifysgolion; recriwtio staff a myfyrwyr; arian y mae'r myfyrwyr yn ei wario |
| **Porthladd Fferi Rhyngwladol** | Cwmnïau fferi a llongau | Cyflogaeth a masnach; tri doc masnachol | Twristiaeth yn cynnwys mordeithiau, mewnforio (bananas) |
| **Eglwysi Cadeiriol** | Eglwysi Catholig a'r Eglwys yn Lloegr | Yn rhan o'r gymuned gan gynnwys agweddau ysbrydol | Sgyrsiau am foeseg – ymwybyddiaeth y gymuned |
| **Cymunedau Mwslemaidd** | Dau fosg | Cyfraniad ysbrydol; ymgais i geisio dileu negeseuon negyddol y cyfryngau am ffwndamentaliaeth | Creu cytgord rhwng ac o fewn y gymuned |

| Ffynhonnell | Pwy | Pam | Canlyniad |
|---|---|---|---|
| Colegau Chweched Dosbarth Portsmouth | Coleg a'r llywodraethwyr | Rôl o fewn cymuned y ddinas; recriwtio | Coleg cyfleoedd cyfartal; statws uwch o fewn y ddinas; cymuned o ddysgwyr |
| Grŵp comisiynu Clinigol | 24 Meddygfa | Iechyd y cyhoedd | Poblogaeth iach sy'n abl i weithio |
| IBM | Cyflogwr mawr | Cwmni byd-eang sydd wedi buddsoddi yn yr ardal ers 50 mlynedd | Mae'r cwmni wedi'i leoli yn North Harbour; denu gweithwyr |
| BAE Systems | Diwydiant amddiffyn yn noc y llynges | Adeiladu llongau yn dod i ben | Buddsoddiad gan y llywodraeth mewn trwsio a chynnal a chadw llongau; cadw rhai swyddi |
| Ymddiriedolaeth Genedlaethol | Grŵp gwarchod etifeddiaeth | Posibilrwydd fod risg i'r ddinas o ganlyniad i gynhesu byd-eang | Arbed cartrefi a swyddi mewn dinas ar ynys |
| Consortiwm Cwpan Americas | BAR a Land Rover; Ben Ainsley | Buddsoddiad a chyhoeddusrwydd; lleoliad da ar gyfer rasio cychod | Digwyddiad o bwysigrwydd rhyngwladol, swyddi ac incwm i'r rhanbarth; bri yn y DU a thramor |

## Tasg hunan-astudio

Ewch ati i baratoi tabl i ddangos sut mae'r lle rydych chi'n ei adnabod yn cael ei gynrychioli. Pa fath o gynrychioliadau sy'n apelio i chi, eich teulu a grwpiau oedran gwahanol? Pam maen nhw'n gwahaniaethu?

## Delweddau cyferbyniol sy'n cael eu portreadu gan ystadegau, y cyfryngau a delweddau o leoedd

Ewch i'r wefan **www3.hants.gov.uk/2011_census_portsmouth_summary_factsheet.pdf**, sy'n rhoi crynodeb o'r ystadegau ffurfiol ar gyfer Portsmouth. Mae'r data'n cynnwys gwybodaeth am y boblogaeth, grwpiau oedran, cymarebau dibyniaeth, statws priodasol, gwlad enedigol, ethnigedd, daliadaeth, crefydd a chyfansoddiad teuluoedd. Cymharwch y data yma â'r darlun sy'n cael ei gyflwyno gan y cyfryngau lleol, hynny yw **www.portsmouth.co.uk**. Ydyn nhw'n rhoi'r un darlun drwy bwysleisio trosedd, gemau pêl-droed, damweiniau ar y ffyrdd a phrotestiadau am gyfleusterau lleol yn cau? Pa luniau neu fapiau sy'n cael eu defnyddio?

## Tasg hunan-astudio

Ewch ati i gynnal gweithgaredd tebyg yn eich ardal chi. Sut mae grwpiau gwahanol, ystadegau gwahanol a'r cyfryngau yn cynrychioli'r ardal? Pa hunaniaeth sy'n perthyn i'r ardal a sut mae'r ardal yn cael ei chynrychioli i chi? Ydy'r lle'n addasu neu'n ymateb i risg? Ydy'r lle'n gartref i gymunedau gwydn? Pam fod y cynrychioliadau'n wahanol i'w gilydd?

## Gall y darlun personol a geir o le amrywio ac effeithio ar sut mae pobl yn ymateb i le arall llai cyfarwydd

Rydych chi wedi creu darlun personol o le yn eich pen. Bydd hwn yn wahanol i ddarlun unrhyw un arall o'r lle. Gall eich darlun chi fod yn fap, yn llun neu'n baentiad. Tybed ydych chi'n cytuno â geiriau C.S. Lewis yn ei lyfr *The Chronicles of Narnia*? Dyma mae'n ddweud: 'Girls … never carry maps in their head'.

## Cyngor i'r arholiad

Mae'n bwysig eich bod yn gallu dadansoddi tystiolaeth ffotograffig o newid mewn lle sy'n anghyfarwydd i chi. Gall y lluniau fod yn lluniau o lefel y llawr, yn lluniau arosgo ac/neu'n lluniau awyr fertigol neu'n ddelweddau lloeren.

## Tasg hunan-astudio

Oes gan aelodau o'ch grŵp fapiau neu ddelweddau gwahanol o'r lle/ lleoedd dan sylw?

Gall y darlun o le newid gydag oedran neu yn sgil y ffordd y byddwn ni'n teithio o gwmpas y lle – naill ai mewn car neu ar drafnidiaeth gyhoeddus. Gall eich dealltwriaeth o le newid yn ôl yr hyn rydych chi'n gosod gwerth arno – gall adeilad amlwg fel Stadiwm y Principality yng Nghaerdydd neu'r Shard yn Llundain gael ei weld mewn modd negyddol gan y rhai sy'n geidwadol eu safbwynt tra bod eraill, mwy rhyddfrydol, yn ymateb yn gadarnhaol.

## Gwaith maes

Ewch ati i chwilio ar ba strydoedd mae'r tai drutaf ac ar ba strydoedd mae'r tai rhataf mewn lle yn eich ardal chi. Mae Tabl 5 yn rhestru detholiad o'r strydoedd â'r tai drutaf a'r rhataf (mae'r wybodaeth wedi'i chasglu o erthyglau papur newydd amrywiol yn 2015). Gan ddefnyddio data o wefan *Rightmove* neu *Zoopla* ar gyfer eich lle chi, ydych chi'n gallu rhestru'r nodweddion sy'n esbonio pam fod rhai strydoedd yn ddrutach na'i gilydd. Ceisiwch ymweld â rhai o'r strydoedd. Bydd modd wedyn ymweld ag ardal arall er mwyn cymharu ac awgrymu pam fod rhai prisiau'n uwch neu'n is na'r pris cyfartalog ar gyfer tŷ.

Tabl 5 Detholiad o'r strydoedd tai drutaf a'r strydoedd tai rhataf y tu allan i Lundain

| Lle | Strydoedd drutaf | Lle | Strydoedd rhataf |
|---|---|---|---|
| Cobham, Surrey | Icklingham Rd, Harebell Hill | Clacton-on-Sea | Austin Ave. |
| Sandbanks, Poole | Sandbanks Rd, Western Ave., Haig Ave. | Burnley | Elmwood St., Spencer St., Colville St., Norman St., Hurtley St |
| Caergrawnt | Newton Rd, CB2 and CB3 | Ferryhill, Darlington | Haig St. |
| Prestbury, Macclesfield | Castle Hill | Bootle | Shakespeare St. |
| Wilmslow | Torkington Rd | Stockton-on-Tees | Limetree Close |
| Gosforth, Newcastle | Graham Park Rd | Aberpennar | Fernhill |
| Harrogate | Rutland Drive | Glynebwy | Brynawelon |
| Stratford-upon-Avon | Tiddington Rd | | |
| Caerdydd | Druidstone Rd, Rudry Rd, Llyswen Rd, Lisvane Rd | | |
| Abertawe | Lady Housty Ave., Langland Court Rd | | |
| Penarth | Cwrt-Y-Vil Rd | | |

Wrth edrych ar nodweddion y strydoedd hyn bydd angen i chi baratoi ymchwiliad sy'n edrych ar y ffactorau canlynol:

- oed adeiladau yn yr ardal
- statws economaidd presennol a hanesyddol yr ardal
- maint y tai a'r hyn sydd angen ei wario i'w cynnal a'u cadw yn ogystal â'r stryd
- penderfynu os yw eich oed, rhyw a ble rydych chi'n byw neu wedi byw yn effeithio ar sut rydych chi'n asesu'r nodweddion hyn.

## Cyngor i'r arholiad

Cofiwch ddefnyddio enghreifftiau o'ch ardal chi gan eich bod mor gyfarwydd â'r lle.

## Tasg hunan-astudio

Mae Ffigurau 4 a 5 yn dangos dwy ardal drefol benodol. Disgrifiwch yr ardaloedd gan edrych ar ffactorau fel hunaniaeth, demograffeg, oed yr adeiladau a phensaernïaeth ac awgrymwch ffyrdd o fyw posib yno. Sut fydd yr ardaloedd yma'n cael eu gweld a'u cynrychioli gan rai mewn ardaloedd eraill o Poole (Ffigur 4) a Glannau Merswy (Ffigur 5)?

**Ffigur 4** Ardal o Poole

**Ffigur 5** Ardal o Lannau Merswy

## Crynodeb

- Bydd pobl yn cynrychioli lleoedd yn wahanol i'w gilydd.
- Yn aml, bydd grwpiau sydd â diddordebau penodol yn rhoi ystyr i le fydd yn cefnogi eu syniadau a'u ideoleg nhw eu hunain.
- Mae'r cyfryngau'n portreadu lle ac yn rhoi hunaniaeth benodol iddo o ganlyniad i'r digwyddiadau a'r storïau y gwnaethon nhw eu cyhoeddi.

- Bydd llywodraeth leol a chwmnïau hefyd yn ceisio portreadu lle yn y goleuni mwyaf ffafriol er mwyn hybu'r ddelwedd o'r lle neu o'r cwmni.
- Gall pobl ddiffinio lle yn ôl eu barn nhw eu hunain. Mae'r farn honno wedi'i seilio ar eu gwybodaeth o leoedd tebyg y maen nhw'n gwybod amdanyn nhw.

# Newidiadau mewn nodweddion economaidd lleoedd dros amser

## Tasg hunan-astudio

Beth am grynhoi gwybodaeth am gyflogaeth yn y lle rydych chi'n byw yn ystod y ddegawd ddiwethaf? Dylai bod modd i chi gasglu gwybodaeth o Gyfrifiad 2011 yn ogystal ag o ddeunydd sy'n hyrwyddo eich lle/ardal chi. Drwy gasglu gwybodaeth o sawl cyfrifiad o'r gorffennol, mapiau hanesyddol ac adroddiadau eraill, gallwch ddisgrifio'r newidiadau sydd wedi cymryd lle dros amser. Beth am ystyried y newidiadau sylweddol sydd wedi bod yng nghymeriad economaidd eich lle a'ch ardal chi ers y bedwaredd ganrif ar bymtheg?

## Modelau newid economaidd a chyflogaeth mewn lleoedd dros amser

Dull o ddisgrifio newidiadau mewn cyflogaeth dros gyfnod o amser yw **Model Clark Fisher**, sy'n cael ei ddefnyddio'n bennaf ar raddfa genedlaethol. Mae'r model hwn yn rhannu'r economi yn bedwar sector (Ffigur 6).

1 **Cynradd**: y rhan o'r economi sy'n ymwneud â chasglu a defnyddio adnoddau naturiol.

2 **Eilaidd**: y sector gweithgynhyrchu neu'r sector diwydiannol – y rhan o'r economi sy'n prosesu adnoddau i greu nwyddau y mae ar bobl eu hangen.

3 **Trydyddol**: y sector sy'n caniatáu i nwyddau gael eu masnachu – weithiau maen nhw'n cael eu galw'n wasanaethau'r cynhyrchydd. Mae'r sector hwn yn cynnwys cyfanwerthu, adwerthu, bancio, cyllid ac yswiriant, cludiant, adloniant, twristiaeth a gwasanaethau personol.

4 **Cwaternaidd**: ymchwil a datblygu a'r economi gwybodaeth sy'n cynnwys technoleg gwybodaeth, addysg a phrosesu gwybodaeth.

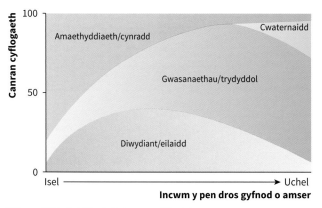

**Ffigur 6** Model Clark Fisher wedi'i addasu

Yn 2015, fe wnaeth Y Swyddfa Ystadegau Gwladol (ONS) wahaniaethu fel hyn:

■ Amaethyddiaeth a Physgota (Cynradd)

■ Gweithgynhyrchu (Eilaidd)

■ Gwasanaethau (Trydyddol a Chwaternaidd)

■ Adeiladu (Eilaidd)

Nodyn: Mae'r termau mewn cromfachau yn rhai sy'n cael eu defnyddio ym Model Clark Fisher.

a) **Canran (%) o'r gweithlu ymhob sector o'r economi**

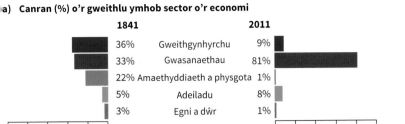

| | 1841 | | 2011 |
|---|---|---|---|
| | 36% | Gweithgynhyrchu | 9% |
| | 33% | Gwasanaethau | 81% |
| | 22% | Amaethyddiaeth a physgota | 1% |
| | 5% | Adeiladu | 8% |
| | 3% | Egni a dŵr | 1% |

b)

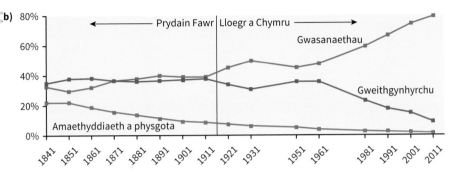

**Ffigur 7** (a) Y newidiadau o fewn y pum sector cyflogaeth rhwng 1841 a 2011, a (b) y canran o'r gweithlu mewn cyflogaeth o fewn y sectorau rhwng 1841 a 2011.

Mae Ffigur 7 yn dangos y newid yng nghydbwysedd cyflogaeth yn ystod y 160 mlynedd diwethaf.

Mae **tonnau Kondratiev** (Ffigur 8 a Thabl 6) yn fodel arall sy'n cael ei ddefnyddio i ddisgrifio newidiadau economaidd dros gyfnod o amser ar lefel genedlaethol. Mae tonnau Kondratiev yn dangos cyfnod o tua 50 mlynedd ac mae gan bob un o'r pedair ton yn y gorffennol (K1–K4) bedwar cyfnod: ffyniant, enciliad (*recession*), dirwasgiad (*depression*) ac adferiad. Mae pob ton yn gysylltiedig â chyfnod o newidiadau technolegol a gweithgaredd economaidd. Mae'r model hwn yn anwybyddu gweithgaredd yn y sector cynradd. Bydd rhai o'r tonnau hyn wedi cael effaith ar eich rhanbarth chi ac ardaloedd o fewn y rhanbarth hwnnw.

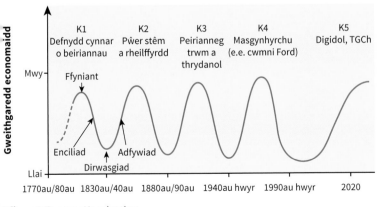

**Ffigur 8** Tonnau Kondratiev

Mae'r ddau fodel yma'n dangos y newid mewn gweithgaredd economaidd mewn ardaloedd trefol ac i raddau llai mewn ardaloedd gwledig dros amser. Mae diwydiannu'n

**Cyngor i'r arholiad**

Dangoswch eich bod yn deall egwyddorion tonnau Kondratiev ar gyfer egluro a disgrifio sut mae lle penodol yn newid yn economaidd a chymdeithasol dros gyfnod o amser.

broses sy'n datblygu wrth i economi cymdeithas symud tuag at gynhyrchu nwyddau ar raddfa eang gan ddefnyddio peiriannau. Yn ystod y Chwyldro Diwydiannol, gwelwyd cynnydd aruthrol yn y boblogaeth a thwf mewn ardaloedd trefol agos at ei gilydd ac o amgylch porthladdoedd a'r meysydd glo. Arweiniodd hyn at gynnydd cyflym mewn trefoli. Mae trydedd ton Kondratiev yn dangos y defnydd o drydan a'i gwnaeth hi'n bosib symud gweithgynhyrchu o'r dinasoedd i dir rhatach y tu allan i ffiniau'r dinasoedd.

**Tabl 6** Pum ton Kondratiev

| Tonnau | Cyntaf | Ail | Trydydd | Pedwerydd | Pumed |
|---|---|---|---|---|---|
| **Prif ddiwydiannau a/neu weithgareddau economaidd** | Pŵer dŵr; gweolion; haearn; crochenwaith | Pŵer stêm/ llongau; haearn a dur; cloddio am lo | Peirianneg drydanol; peirianneg trwm; cynhyrchu arfau; llongau dur a chemegion | Ceir; lorïau; nwyddau traul i ddefnyddwyr; defnyddiau synthetig; petrocemegion | Cyfrifiaduron; technoleg ddigidol; y we; meddalwedd; ffibr optig; roboteg; biotechnoleg; prifysgolion; ymchwil a datblygu; diwydiannau creadigol |
| **Datblygiadau newydd mewn cludiant a chyfathrebu** | Camlesi; tollbyrth | Rheilffyrdd; llongau stêm | Cyflenwad trydan | Priffyrdd; meysydd awyr | Digidol; lloerennau; ffibr optig; wi-fi; y Cwmwl |
| **Enghreifftiau o leoedd yn y DU** | Manceinion; Bradford; Stoke | Consett; Glyn Ebwy; Aberdâr; Glasgow | Birmingham; Birkenhead; Port Sunlight | Dagenham; Luton; Billingham | *Silicon Roundabout* (Old Street); Shoreditch; Caergrawnt; Canolfan Arloesi Menai |
| **Enghreifftiau o leoedd eraill yn y byd** | Lille; Verviers | Dinasoedd y Ruhr yn yr Almaen | Ludwigshafen | Detroit; Wolfsburg; Eindhoven | Silicon Valley; Bangalore |

## Caerdydd

Rhwng 1801 ac 1901 fe dyfodd dinas Caerdydd o fod yn dref fechan gaerog, ganoloesol â phoblogaeth o 1,870 yn 1801 i fod yn ddinas ddiwydiannol o 164,333 o bobl erbyn 1901. Un o'r rhesymau am hyn oedd y twf mewn cloddio am lo a thwf mewn cynhyrchu haearn (ail don Kondratiev), gyda Chaerdydd yn dod yn borthladd allforio glo pwysig. Roedd rôl teulu'r Bute yn allweddol gan mai nhw adeiladodd y dociau a'r gamlas. Daeth y rheilffordd hefyd rhwng 1836 ac 1853 gan ychwanegu at dwf y porthladd a'r ddinas. Cynyddodd y boblogaeth yn gyflym o ganlyniad i fewnfudo. Yn 1851, roedd tua un rhan o dair o boblogaeth Caerdydd yn dod o Forgannwg, Mynwy a'r siroedd cyfagos. Daeth eraill o orllewin Cymru, Swydd Gaerloyw a Gwlad yr Haf. Yn fwyaf arbennig, gwelwyd llif o Wyddelod oedd yn ffoi rhag y newyn yn Iwerddon. Ymgartrefodd nifer ohonyn nhw yn Splotlands a Newtown. Dyma ddisgrifiad o'r ardal yn 1855:

> 'It has a low level; the houses for the most part are occupied as Irish lodging-houses and are seriously overcrowded.'

Yn ystod y cyfnod hwn, datblygodd cymunedau lle roedd pobl o'r un dras yn dod at ei gilydd i fyw. Roedd canran uchel o bobl yn lletya yn ardal Butetown tra bod Grangetown yn ardal o dai israddol. Ar y llaw arall roedd ardaloedd mwy cefnog fel Treganna, Cathays a'r Rhath yn tyfu'n gyflym.

Pa ffactorau a arweiniodd at newid yn sail economaidd Caerdydd yn ystod y bedwaredd ganrif ar bymtheg?

■ Twf cyflym yn y boblogaeth o ganlyniad i well safonau iechyd a rheoli afiechydon.

■ Mudo wrth i bobl gael eu gwthio allan o'u cynefinoedd oherwydd newyn a thlodi cefn gwlad. Pobl yn chwilio am waith yn cloddio'r dociau, adeiladau tai ac yn gweithio yn y byd masnachol newydd oedd yn greiddiol i dwf y ddinas.

- Rôl unigolion fel teulu Bute. Fe ddefnyddion nhw eu cyfoeth i fuddsoddi ac i gynyddu eu cyfoeth yr un pryd. Sefydlodd cyflogwyr dyngarol eraill drefi neu bentref delfrydol, er enghraifft, Saltaire gan Titus Salt, Lever ym Mhort Sunlight, Cadbury yn Bourneville a Rowntree yn New Earswick. Ond, ai cynnig y cartref delfrydol oedden nhw mewn gwirionedd neu geisio rheoli'r gweithlu?

- Gwelliannau mewn trafnidiaeth yn ei gwneud hi'n haws i gyrraedd y dociau a'r ddinas. Arweiniodd hyn at gynnydd mewn masnach ac allforion.

**Profi gwybodaeth 5**

Beth yw ystyr y 'lle delfrydol' neu 'y lle iwtopaidd (utopian)'.

Datblygodd nifer o ddinasoedd eraill yn y Deyrnas Unedig (DU) yn gyflymach na Chaerdydd. Yn Sir Gaerhirfryn er enghraifft, gwelwyd gweithwyr yn symud i weithio yn y diwydiant tecstilau. Gan amlaf, roedden nhw'n symud i fyw i dai teras gyda chwrt yn y cefn. Gwelodd Oldham gynnydd yn y boblogaeth o 21,000 yn 1801 i 137,000 yn 1901. Gwelwyd sefyllfa debyg ym Manceinion gyda chynnydd o 75,000 i 544,000 yn y boblogaeth yn yr un cyfnod. Mae Ffigur 5 (tudalen 27) yn dangos llun o'r awyr o'r math o dai a godwyd yn y cyfnod.

## Gwaith maes

Ewch ati i astudio cymeriad cymdeithasol a phensaernïol ardal eich cartref drwy edrych ar dai a adeiladwyd yn ystod y bedwaredd ganrif ar bymtheg. Sut a pham fod yr ardal wedi newid? Mae'n bosib erbyn heddiw fod hon yn ardal ar gyfer myfyrwyr neu'n gartref i grŵp o bobl o leiafrif ethnig. Bydd yr ymarfer hwn yn cynnwys casglu data eilaidd o hen fapiau ac arolygon yn ogystal â chasglu data cymdeithasol o'r cyfrifiad. Wedi i chi orffen casglu'r data bydd angen i chi ddadansoddi'r wybodaeth.

# Cyniferydd lleoliad

Mae'r cyniferydd lleoliad (*Location quotient*) yn mesur arbenigedd a chrynodiad diwydiannol mewn rhanbarth o'i gymharu ag ardal ddaearyddol fwy (gwlad gan amlaf). Mae'r cyniferydd lleoliad yn cael ei gyfrifo drwy edrych ar ystadegau fel nifer y ffatrïoedd neu'r nifer o weithwyr sy'n cael eu cyflogi mewn diwydiant penodol yn rhanbarthol o'i gymharu â'r darlun cenedlaethol. Mae'n dangos faint mae diwydiant arbennig wedi'i grynhoi o fewn ardal neu ranbarth penodol. Er enghraifft, mae cyniferydd lleoliad o 1.0 yn golygu bod y cyfanswm rhanbarthol a'r cyfanswm cenedlaethol sy'n arbenigo yn y maes hwnnw'n gyfartal. Byddai cyniferydd o 1.8 yn golygu bod gan y rhanbarth grynodiad uwch na'r crynodiad cenedlaethol. Ar y llaw arall, byddai cyniferydd o 0.5 yn golygu bod y crynodiad yn llai. Mae'r cyniferydd lleoliad yn cael ei fesur drwy ddefnyddio'r fformiwla hon:

$$\text{Cyniferydd lleoliad} = \frac{\% \text{ o gyfanswm y gweithlu yn yr ardal sy'n gweithio mewn gweithgaredd penodol}}{\% \text{ o gyfanswm y gweithlu yn y wlad sy'n gweithio yn y gweithgaredd hwnnw}}$$

Mae'r broses o ddiwydiannu wedi arwain at grynhoi gweithgynhyrchu, er enghraifft, y diwydiant tecstilau yn ystod y bedwaredd ganrif ar bymtheg. Mae'r cyniferyddion canlynol yn cyfeirio at gyflogaeth yn y diwydiant tecstilau yn Lloegr yn 1861:

**Tabl 7** Cyniferyddion lleoliad ar gyfer y diwydiannau tecstilau yn Lloegr a Chymru, 1861

| Diwydiant | Rhyw | Lloegr: y clwstwr mwyaf | Lloegr: yr ail glwstwr mwyaf |
|---|---|---|---|
| Gwlân | G | W. Riding, Swydd Efrog 7.9 | Wiltshire 2.2 |
| Gwlân | B | W. Riding, Swydd Efrog 6.7 | Wiltshire 4.7 |
| Edau | G | W. Riding, Swydd Efrog 8.8 | Swydd Gaerlŷr 2.6 |
| Edau | B | W. Riding, Swydd Efrog 9.2 | — |
| Cotwm | G | Swydd Gaerhirfryn 4.9 | Swydd Gaer 2.1 |
| Cotwm | B | Swydd Gaerhirfryn 3.9 | Swydd Gaer 2.0 |

Mae'r data'n dangos bod y diwydiannau gwlân ac edau wedi'u crynhoi a'u clystyru'n fwy yn ardal West Riding yn Swydd Efrog o gymharu â siroedd eraill.

**Tasg hunan-astudio**

### Cyfrifo'r Cyniferydd lleoliad

Cwblhewch y data ar gyfer De-ddwyrain Lloegr a Chymru yn Nhabl 1 ar dudalen 114. Pa ranbarth sydd â'r crynodiad agosaf at y cyfartaledd cenedlaethol o weithwyr medrus? Ydych chi'n gallu cynnig eglurhad am yr amrywiadau hyn yn y crynodiad o weithwyr medrus?

## Grymoedd allanol a ffactorau sy'n dylanwadu ar ailstrwythuro economaidd

Lle sydd wedi'i effeithio gan newidiadau economaidd am dros 200 mlynedd (*amser*) yw Glyn Ebwy. Tyfodd Glyn Ebwy o ganlyniad i'r Chwyldro Diwydiannol. Sefydlwyd gwaith haearn yno yn ystod yr 1790au gan ddefnyddio glo o'r pyllau glo lleol i danio'r ffwrneisi. Yn ystod yr 1860au daeth yn ganolfan i'r diwydiant dur gan ddefnyddio glo lleol yn ogystal â chyflenwad lleol o galchfaen a oedd yn cael ei ddefnyddio i gynhyrchu dur, ond a oedd yn dibynnu fwy fwy ar fewnforio mwyn haearn.

Yn ystod blynyddoedd y Dirwasgiad yn yr 1930au, lleihau wnaeth y galw am lo a dim ond 1% o'r gwaith oedd yn dal i weithredu. Ceisiodd Deddf Ardal Arbennig 1934 gynyddu gweithgaredd economaidd, lleihau diweithdra, gwella cyfathrebu a thai a gwella lefelau sgiliau'r gweithwyr yn y rhanbarth. Ond, llwyddodd gŵr busnes, gyda chymorth grantiau gan y llywodraeth, i adeiladu'r felin ddur integredig gyntaf yn Ewrop yng Nglyn Ebwy. Roedd y gwaith newydd hwn yn defnyddio technoleg newydd o America, sef rowlio poeth parhaol (*newidiadau mewn technoleg*). Yn 1947, ychwanegwyd gwaith tunplat a gafodd ei uwchraddio yn 1978 (*lliniariad*). Roedd y gwaith yn cyflogi gweithlu o 16,000 ar un cyfnod. Ond erbyn yr 1970au, roedd cost mewnforio haearn crai o dramor a'r gost o'i gludo ar hyd y rheilffordd i Glyn Ebwy wedi cynyddu. Bellach, roedd hi'n rhatach prynu dur o dramor ac oherwydd newidiadau byd-eang (*globaleiddio*) roedd Glyn Ebwy yn ei chael hi'n anodd i gystadlu. Daeth cynhyrchu dur i ben yno yn 1977–78 a chafodd y gwaith ei ddymchwel yn 1981. Er bod y gwaith tunplat yn dal ar agor, cafodd hwnnw ei gau hefyd yn 2001–2002. Canlyniad hyn i gyd oedd gadael 'craith dwy filltir o hyd yng nghalon y dref'.

Ymhell cyn i'r safle gau yn gyfan gwbl, gwnaeth Glyn Ebwy gais i gynnal yr Ŵyl Flodau Genedlaethol yno yn 1992. Bu'r hen waith haearn a dur yn gartref i'r Ŵyl am gyfnod o chwe mis. Ers hynny, mae'r 'Gwaith' (Ffigur 9) wedi cael ei ailddatblygu gyda thai newydd, ysgol a choleg (ysgol ar gyfer plant 3–16 oed a Choleg Gwent ar gyfer addysg ôl-16), canolfan adwerthu (*Festival Park*) ac ysbyty (*strategaethau llywodraeth*) wedi'u codi yno gyda buddsoddiad o £350 miliwn gan yr Undeb Ewropeaidd. Yn 2010, trawsnewidiwyd yr hen byllau oeri o ddyddiau'r diwydiant haearn a dur yn lleoliad ar gyfer bywyd gwyllt (*cynaliadwyedd amgylcheddol*). Agorwyd amgueddfa yn swyddfeydd yr hen waith. Mae'r Gwaith ei hun yn gorchuddio 6.2ha ac yn rhan o'r Ardal Fenter sy'n 38ha yn ardal weinyddol fodern Blaenau Gwent. Mae statws Ardal Fenter (tudalen 43) yn galluogi denu grantiau gan y llywodraeth a Chyllid Cymru fel rhan o brosiect Busnesau Bach a Chanolig. Nod y Prif Gynllun ar gyfer yr ardal yw 'creu gwelliant o'r tu mewn', hynny yw, o gynnig safle a gwella addysg a sgiliau, yna bydd busnesau'n fwy parod i sefydlu yno a sicrhau ffyniant i'r ardal (*lliniariad*). Ond, nid yw'r dull hwn o weithio yn rhoi ystyriaeth i

**Cyngor i'r arholiad**

Gwnewch yn siŵr eich bod yn gallu cyfrifo data drwy ddefnyddio fformiwlâu fel fformiwla cyniferydd lleoliad yn yr arholiad. Os nad ydych chi'n gallu cwblhau'r dasg ystadegol neu fathemategol o fewn yr amser yna peidiwch â gwastraffu mwy o amser. Fydd y dasg ddim gwerth mwy na phump o farciau.

newidiadau economaidd byd-eang, sydd wedi bod yn anffafriol ers yr 1990au. Yn 2015, roedd Glyn Ebwy a threfi Blaenau'r Cymoedd (fel Merthyr Tudful a Thredegar) yn dal i ddioddef o amddifadedd cymdeithasol a diweithdra, lefelau uchel o salwch, lefelau isel o gyrhaeddiad (roedd 40% yn ddi-waith neu ddim ar gael i weithio yn 2016). Mae lefelau isel o sgiliau a diboblogi hefyd yn broblem (*ffordd o fyw, risg*).

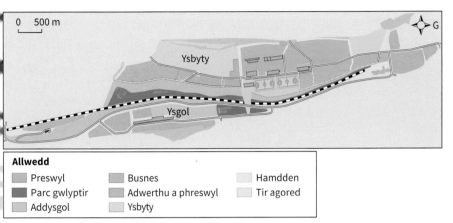

**Allwedd**

| | | |
|---|---|---|
| Preswyl | Busnes | Hamdden |
| Parc gwlyptir | Adwerthu a phreswyl | Tir agored |
| Addysgol | Ysbyty | |

**Ffigur 9** Y Gweithfeydd, Glyn Ebwy

### Tasg hunan-astudio

Yn Refferendwm aelodaeth o'r Undeb Ewropeaidd (UE) a gynhaliwyd ym mis Mehefin 2016, pleidleisiodd 62% o etholwyr Glyn Ebwy dros 'adael'. Roedd hynny er gwaethaf y buddsoddiad a wnaed gan yr UE yn yr ardal. Pam fod cymaint wedi pleidleisio dros adael yr UE er gwaethaf y buddsoddiad sylweddol hwnnw?

Pa ffactorau sydd wedi arwain at y newidiadau economaidd ar gyfer y lle hwn (*lliniariad*)?

- **Newidiadau technolegol**: newidiadau mewn cynhyrchu haearn a dur, tunplat a thechnoleg cyfathrebu; cyflwyno technoleg newydd a fferylliaeth
- **Strategaethau'r llywodraeth**: yn lleol (Blaenau Gwent), rhanbarthol/cenedlaethol (Cymru/DU) a'r UE/lefel ryngwladol (Deddf Ardaloedd Arbennig 1934, Ardaloedd Datblygu, Ardaloedd Menter, Gŵyl Flodau, Cyllid Strwythurol ERDF, creu cyfleusterau addysgol newydd)
- **Adnoddau crai yn dod i ben**: dim mwyn haearn lleol ar ôl, cyflenwad glo yn ddrud; mewnforion rhatach i weithfeydd dur arfordirol (*cynaliadwyedd*)
- **Darbodion maint**: methu cystadlu â gweithfeydd mwy ar yr arfordir, methu cystadlu o fewn y DU na thramor, felly, costau uchel a chynnyrch anghystadleuol
- **Globaleiddio**: cystadlu â chynhyrchwyr tramor, prynu offer gan wneuthurwyr tramor mwy o faint; agor cwmni biotech Peen Pharma yn Nhredegar
- **Costau llafur uchel**: costau uwch na chystadleuwyr tramor
- **Newidiadau mewn ffordd o fyw**: pwyslais ar addysg a gwella sgiliau yn ystod yr unfed ganrif ar hugain; mwy o bwyslais ar warchod yr amgylchedd a chynaliadwyedd o fewn y gwlyptiroedd newydd; sefydlu canolfan adnoddau amgylcheddol
- **Magu hyder**: ymdrech i greu delwedd gyfoes drwy weithgareddau newydd tra'n cynnal cyswllt â gorffennol Glyn Ebwy drwy'r amgueddfa; adeilad rhestredig

### Cyngor i'r arholiad

Cofiwch gynnwys enghreifftiau i gefnogi'r hyn rydych chi'n ei ddweud. Gall y rhain fod yn enghreifftiau estynedig i'w defnyddio mewn traethawd neu'n enghreifftiau byr i gefnogi rhestr o resymau neu ffactorau.

# Dirywiad cyflogaeth eilaidd mewn lleoedd trefol

Yn 1980, defnyddiwyd y pennawd 'The murder of a town' i gyfeirio at y ffaith fod 3,700 o swyddi wedi cael eu colli yn Consett wedi i'r gwaith dur gau. O ganlyniad, cafwyd diweithdra o 36%. Mae'r adran ganlynol yn cynnig astudiaeth achos arall o effeithiau dirywiad ar leoedd trefol.

Ystyr **dad-ddiwydiannu** yw dirywiad yn y diwydiannau gweithgynhyrchu. Gall hyn gael ei achosi gan y canlynol:

- gostyngiad mewn cynhyrchiad
- creu cynhyrchion newydd, gwell
- twf mewn mewnforion rhad ar gyfer rhai cynhyrchion
- gostyngiad yn nifer a chanran y gweithwyr sy'n gweithio ym maes gweithgynhyrchu o ganlyniad i gau ffatrïoedd, y defnydd o robotiaid a thechnoleg debyg gyda gweithwyr yn colli eu gwaith.

Nid yw pob dinas ddiwydiannol wedi gallu cynnal llwyddiant. Collodd Detroit 58% o'i phoblogaeth rhwng 1950 a 2008 o ganlyniad i ddad-ddiwydiannu, y defnydd o dechnoleg newydd a chystadleuaeth o dramor yn sector y diwydiant ceir. Mae gostyngiad yn y boblogaeth o ganlyniad i ddirywiad yn y dociau ac mewn adeiladu llongau wedi effeithio ar Lerpwl a Glasgow.

Mae nwyddau rhatach o wledydd fel De Korea a Japan wedi lladd y diwydiant adeiladu llongau ar afonydd y Tyne a Wear. Effeithiodd dirywiad yn y diwydiant cotwm a mwyngloddio ar rannau o Bolton, Rochdale, Oldham, Tameside a Wigan ym Manceinion Fawr (Ffigur 10). Mae 30% o'r cymunedau hyn yn cael eu cyfrif ymysg yr 20% o ardaloedd mwyaf difreintiedig yn Lloegr. Erbyn 2011, dim ond 9% o weithlu'r DU oedd yn cael eu cyflogi yn y diwydiannau gweithgynhyrchu.

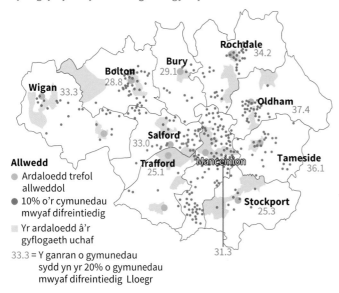

**Ffigur 10** Cyflogaeth ac amddifadedd yn ardal Manceinion Fawr.

Amddifadedd yw thema adran nesaf y llyfr hwn.

Gall dad-ddiwydiannu effeithio lle mewn ffyrdd gwahanol sy'n arwain at ganlyniadau gwahanol. Mae dinasoedd fel Stoke-on-Trent, Hull, Barnsley, Middlesbrough, Bolton a Blackburn wedi cael eu heffeithio am nad oes swyddi newydd yn cael eu creu yn lle'r hen swyddi a gollwyd. Mae'r rhai sydd wedi ennill cymwysterau yn gadael gan adael y rhai heb gymwysterau ar ôl. Golyga hyn fod y gweithlu sydd ar ôl yn llai deniadol i gyflogwyr. Er bod nifer o ardaloedd trefol sydd wedi dad-ddiwydiannu'n dioddef o amddifadedd, mae yna ardaloedd gwledig cefnog o'u cwmpas. Dinas Hull yw'r nawfed dinas ar restr amddifadedd y DU, eto mae ardal East Riding, sy'n amgylchynu'r ddinas, yn rhif 208 ar y rhestr honno.

## Gwaith maes

Fe wnaeth cwmni SSI o Wlad Thai, gau gwaith dur Redcar yn 2015, a chollwyd 2,200 o swyddi. Dechreuodd y gweithwyr, oedd wedi arfer derbyn cyflog oedd ar gyfartaledd uwchlaw'r raddfa genedlaethol, chwilio am swyddi gyda chwmnïau fel Aldi a B&Q. Yn Middlesbrough, ger Redcar, mae banciau bwyd bellach yn bwydo tua 2,000 o bobl. Mae cwmni arall oedd yn cyflenwi'r gwaith dur wedi diswyddo 33% o'u gweithwyr. Drwy ddefnyddio adroddiadau personol a chyhoeddus am Redcar mae modd gweld beth oedd y sefyllfa cyn ac ar ôl i'r gwaith gau. Mae modd hefyd gweld sut mae cwmni rhyngwladol wedi effeithio ar fywydau pobl yn y lle hwn.

## Crynodeb

- Mae Model Clark Fisher yn cynnig eglurhad syml o'r newid dros gyfnod o amser yng nghydbwysedd cyflogaeth mewn economi sydd wedi datblygu dros gyfnod o amser.
- Gall tonnau Kondratiev egluro'r berthynas rhwng newidiadau technolegol a datblygiad economaidd mewn lleoedd a rhanbarthau.
- Mae dirywiad yn niwydiannau gweithgynhyrchu'r DU a gwledydd datblygedig eraill yn ganlyniad i ffactorau o fewn a thu hwnt i'r wlad/rhanbarth.
- Canlyniad dirywiad ym maes gweithgynhyrchu yw dad-ddiwydiannu, sydd wedi cael effaith ar lawer o leoedd gwahanol. Mae hyn wedi arwain at anghydraddoldeb o fewn a rhwng trefi a dinasoedd.
- Mae cyniferyddion lleoliad yn mesur crynodiad gweithgaredd mewn ardaloedd/rhanbarthau.

# Newid economaidd ac anghydraddoldeb cymdeithasol mewn ardaloedd trefol sydd wedi dad-ddiwydiannu

## Canlyniadau colli diwydiannau traddodiadol mewn ardaloedd trefol

Yn ystod 2016, cyhoeddodd Tata Steel (dan berchnogaeth cwmni o India) bod 1,050 o weithwyr i golli eu gwaith yn y DU. Roedd y cwmni'n cyflogi 6,000 o weithwyr yng Nghymru (4,000 ym Mhort Talbot, lle mae 1 o bob 4 person yn gweithio yn y diwydiant dur). Roedd 750 o'r swyddi i'w colli yng Nghymru. Mae safleoedd eraill gan Tata yn Llanwern (Casnewydd), Llanelli, Shotton a Trostre. Amcangyfrifwyd bod cyflogau gweithwyr Tata yn werth £200 miliwn i economi Cymru. Beth yw effeithiau penderfyniadau o'r fath ar y lleoedd sydd o gwmpas y safleoedd hyn?

Mae Tabl 8 yn dangos yn fras effaith dad-ddiwydiannu ar rai o'r dinasoedd hynny oedd â'r cynnydd lleiaf mewn poblogaeth rhwng 2004 a 2014. Ychwanegwyd tair dinas o Gymru hefyd er mwyn cymharu. Mae pob un o'r lleoedd yn Lloegr yn dangos effeithiau uniongyrchol ac effeithiau anuniongyrchol dad-ddiwydiannu ar yr economi a'r gymdeithas. Ar bob mesur, mae pob un o'r dinasoedd hyn yn disgyn yn is na'r cyfartaledd cenedlaethol. Mae eu cyfraniad i'r economi a'u hapêl i fusnesau newydd yn cael eu mesur, yn ogystal â'u blaengaredd o ran datblygu meysydd newydd (sy'n cael ei fesur drwy gyfrif sawl patent newydd sydd wedi'i gofrestru) a chyfraddau cyflogaeth. Gwelir mwy o bobl heb gymwysterau a llai o bobl â chymwysterau uwch. Yr unig fesurydd sy'n uwch na'r cyfartaledd cenedlaethol yw'r cysylltiad band eang. Mesurydd arall defnyddiol yw cyflogau a lles. Mae pob dinas, ar wahân i Gaerdydd, yn cael eu dosbarthu fel dinasoedd 'Cyflogau isel, lles uchel' tra bod Caerdydd, Exeter a Northampton yn ddinasoedd 'Cyflogau isel, lles isel'. Mewn cymhariaeth, mae rhes yn y tabl sy'n dangos y dinasoedd sy'n perfformio orau, sef y dinasoedd 'Cyflogau uchel, lles isel'.

**Tabl 8** Rhai nodweddion lleoedd sydd wedi dad-ddiwydiannu ac sydd â'r newidiadau lleiaf yn y boblogaeth (*Centre for Cities, 2016*)

| Lle | Twf yn y boblogaeth 2004–2014 | Gwerth Ychwanegol Gros (GVA*) am bob person (£) 2014 | % o'r boblogaeth sydd â lefel uchel o sgiliau NVQ4 ac uwch 2014 | % o'r boblogaeth heb unrhyw gymwysterau 2014 | Busnesau newydd i bob 10,000 o'r boblogaeth 2014 | Patent ar gyfer pob 10,000 o'r boblogaeth 2014 | % Cyfradd cyflogaeth 2014–15 | % o'r cartrefi sydd â band-eang cyflym |
|---|---|---|---|---|---|---|---|---|
| Blackburn | 0.4 | 40,300 | 23.5 | 14.6 | 43.3 | 3.4 | 63.8 | 61.2 |
| Stoke | 0.3 | 44,300 | 23.5 | 16.9 | 32.4 | 1.9 | 69.4 | 71.8 |
| Hull | 0.2 | 42,300 | 21.1 | 12.1 | 31.4 | 1.2 | 64.1 | ND |
| Middlesbrough | 0.1 | 45,100 | 28.6 | 10.3 | 40.89 | 1.1 | 66.9 | 73.5 |
| Burnley | 0.0 | 48,500 | 23.6 | 12.0 | 37.5 | 4 | 67.0 | 67.9 |
| Sunderland | –0.1 | 44,900 | 23.2 | 10.9 | 30.2 | 1.1 | 63.9 | 75.3 |
| Casnewydd | 5.9 (2001–11) | 47,400 | 31.2 | 10.1 | 37.3 | 3.4 | 69.3 | 69.9 |
| Abertawe | 5.8 | 41,800 | 31.8 | 11.8 | 32.4 | 2.6 | 68.5 | 70.5 |
| Caerdydd | 13 (2002–13) | 44,351 | 46.0 | 6.6 | 51.8 | 4.8 | 67.7 | 83.3 |
| Isaf | — | Blackburn 40,300 | Wakefield 20.7 | Stoke 16.9 | Belfast 28.8 | Chatham 0.0 | Lerpwl 61.2 | Barnsley 60.2 |
| Uchaf | Slough 1.8 | Llundain 73,000 Reading 70,900 | Caergrawnt 61.4 | Exeter 1.9 | Llundain 100.1 Northampton 80.6 | Caergrawnt 101.9 | Aldershot 83.4 | Luton 88.0 |
| DU | 0.7 | 53,700 | 35.8 | 9.0 | 54.3 | 3.6 | 72.9 | 63.4 |

\* Mae GVA yn mesur cyfraniad pob unigolyn i'r economi

**Allwedd**

■ Dinasoedd cyflogau isel, lles uchel

■ Dinasoedd cyflogau uchel, lles isel

■ Dinasoedd cyflogau isel, lles isel

■ Cyfartaledd y DU

**Profi gwybodaeth 6**

Mae rhai dinasoedd yn Ffigur 11 yn perthyn i'r sectorau uchel ac isel, er enghraifft, Worthing, Luton ac Efrog. Ydych chi'n gallu esbonio pam?

Mae Ffigur 11 yn dangos y dinasoedd sydd â'r ganran uchaf o'r rhai ar gyflogau uchel a'r ganran uchaf o'r rhai ar gyflogau isel yn y gweithlu. Dinasoedd yn ardaloedd diwydiannol Cymru a Lloegr yn ystod y bedwaredd ganrif ar bymtheg yw'r mwyafrif o ddinasoedd sydd â'r cyflogau isel. Dinasoedd sydd ag amrywiaeth o ddiwydiannau newydd yn y sectorau trydyddol a chwaternaidd (*achosiaeth, anghydraddoldeb* a *gwahaniaeth*) yw'r dinasoedd gyda'r cyflogau uchel.

## Amddifadedd

Un o ganlyniadau dad-ddiwydiannu yw **amddifadedd lluosog**. Mae amddifadedd yn cael ei fesur yn ôl faint o dai sydd o safon isel a faint o weithwyr anfedrus sydd mewn ardal. Mae hefyd yn ystyried y diffyg cyfle i ennill cyflogaeth, tir diffaith ac adfeilion, safon iechyd isel, ansawdd amgylcheddol isel, isadeiledd cludiant gwael ac yn aml tir wedi'i halogi. Problemau sy'n perthyn i ardaloedd trefol yw'r rhain fel arfer ond maen nhw hefyd i'w gweld mewn ardaloedd gwledig.

Mae Ffigurau 12 a 13 yn dangos yr ardaloedd sydd â'r cyfraddau uchaf ac isaf o amddifadedd yng Nghaerlŷr (*Leicester*) a Wrecsam. Gellir dod o hyd i fapiau tebyg ar gyfer unrhyw awdurdod lleol (gan gynnwys eich ardal leol chi). Gall y rhain gynnig cyfle i chi ymchwilio a deall beth yw natur a chymeriad ardaloedd sy'n dioddef amddifadedd. Mae Ffigur 12 yn cynnwys yr ardal wledig o amgylch Wrecsam a Ffigur 13 yn dangos dinas Caerlŷr yn unig.

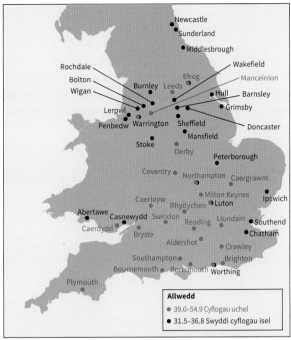

**Ffigur 11** Dinasoedd â thros 39% o'r rhai sydd mewn gwaith â swyddi cyflog uchel, a thros 31.5% o'r rhai sydd mewn swyddi cyflog isel yn 2011.

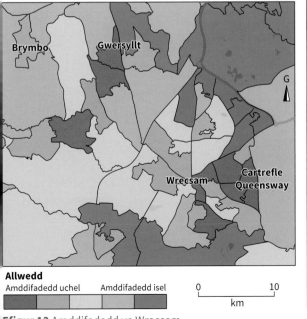

**Ffigur 12** Amddifadedd yn Wrecsam

**Ffigur 13** Amddifadedd yng Nghaerlŷr

Un mynegrif sy'n cael ei ddefnyddio i fesur amddifadedd yw'r ganran o'r boblogaeth sydd heb unrhyw gymwysterau. Mae Tabl 9 yn dangos data ar gyfer 14 ward yn Portsmouth wedi'u graddio yn ôl Mynegrif Amddifadedd Lluosog (*Index of Multiple Deprivation* – IMD) o fewn y ddinas (*anghydraddoldeb*). Mae Ffigur 14 yn dangos lleoliad y wardiau hyn yn y ddinas.

**Tabl 9** Canran y boblogaeth sydd dros 16 oed sydd heb unrhyw gymwysterau addysgol, canran o'r boblogaeth sy'n byw mewn tai gorlawn, canran y tai teras a'r mynegrif IMD ar gyfer wardiau yn Portsmouth.

| Enw'r ward | % heb unrhyw gymwysterau (trefn restrol) | % Tai gorlawn (trefn restrol) | % Byw mewn tai teras (trefn restrol) | Trefn restrol IMD (Ffigur 14) |
|---|---|---|---|---|
| Charles Dickens | 31.5 (2) | 8.8 (1) | 14.2 (14) | 1 |
| Paulsgrove | 32.8 (1) | 5.0 (7) | 42.1 (7) | 2 |
| Nelson | 27.8 (3) | 6.1 (4) | 63.3 (5) | 3 |
| Fratton | 21.7 (6) | 6.2 (3) | 71.7 (2) | 4 |
| St Thomas | 15.9 (12) | 7.9 (2) | 22.2 (12) | 5 |
| St Jude | 13.3 (13) | 5.6 (5) | 23.0 (11) | 6 |
| Cosham | 25.1 (4) | 4.2 (8) | 38.6 (9) | 7 |
| Hilsea | 23.2 (5) | 3.8 (9) | 40.5 (8) | 8 |
| Milton | 19.4 (8) | 3.5 (10) | 70.7 (3) | 9 |
| Baffins | 21.5 (7) | 3.1 (13) | 61.9 (6) | 10 |
| Eastney a Craneswater | 16.8 (11) | 3.2 (11.5) | 38.4 (10) | 11 |
| Central Southsea | 11.6 (14) | 5.4 (6) | 72.0 (1) | 12 |
| Copnor | 19.2 (9) | 3.2 (11.5) | 66.3 (4) | 13 |
| Drayton a Farlington | 17.9 (10) | 1.5 (14) | 18.8 (13) | 14 |

## Tasg hunan-astudio

### Ystadegol 1

1 Cyfrifwch y modd, y cymedr rhifyddol neu'r cyfartaledd a'r canolrif ar gyfer data'r wardiau hynny sydd â phoblogaeth heb gymwysterau.

2 Cyfrifwch y gwyriad safonol o'r cymedr a'r gwyriad o'r data canolrif yng ngholofn 1.

## Tasg hunan-astudio

### Ystadegol 2

Cynhaliwyd prawf cyfernod cydberthyniad rhestrol Spearman ar golofnau 2 a 4. Y canlyniad oedd 0.82. Beth yw ystyr hyn? Rhoddodd y prawf ar gyfer colofnau 3 a 4 ganlyniad o –0.19. Beth mae'r canlyniad hwn yn ei ddangos? Gwnewch brawf rhestrol Spearman ar gyfer colofnau 2 a 3.

Mae'r atebion i'w gweld ar dudalen 111.

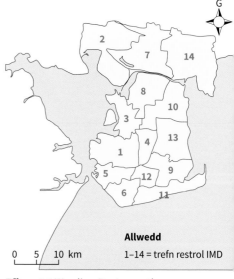

**Ffigur 14** Wardiau Portsmouth

Mae sawl ardal sy'n dioddef o amddifadedd yn dioddef o stigma hefyd. Ystyr hyn yw bod ardal yn dioddef o ganlyniad i ganfyddiad pobl eraill am y bobl sy'n byw yno (*hunaniaeth*). Mewn rhai achosion mae'r ardaloedd yn cael eu cyfrif fel 'geto' gan mai pobl o hil wahanol sy'n byw mewn rhai o'r ardaloedd hyn. Daw'r gair 'geto' o Gyfnod y Dadeni yn Venezia lle gorfodwyd y boblogaeth Iddewig i fyw mewn ardaloedd ar wahân. Mae geto yn golygu bod cymuned yn byw ar wahân i bobl eraill mewn ardal benodol gyda hunaniaeth ei hun.

Yn Ewrop, mae'r broses o ddad-ddiwydiannu wedi arwain at ddirywiad mwy graddol yn rhai o'r ardaloedd hyn. Mae ardal St Paul's ym Mryste yn enghraifft glasurol o hynny. Dyma ardal o dai teras sy'n agos at ganol y ddinas. Cafodd yr ardal ei bomio'n rhannol yn ystod yr Ail Ryfel Byd a chodwyd tai newydd yn lle'r tai a ddinistriwyd. Symudodd nifer o fewnfudwyr Affro Caribïaidd i'r ardal oedd â phoblogaeth ar gyflogau isel neu'n ddi-waith neu ar gyflogau isel. Sut ddaeth yr ardal hon yn ardal sy'n dioddef o stigma? Gwelwyd terfysg yno yn 1980, ac roedd y defnydd o gyffuriau a'r diwylliant gwahanol yn ffactorau amlwg (*achosiaeth*). Hyd yn oed heddiw, mae rhai gyrwyr tacsi yn gwrthod mynd i St Paul's yn ystod oriau'r nos. Mae rhagfarn am yr ardal a'i phobl yn ei gwneud hi'n anodd newid agwedd y gymuned ehangach ac yn rhwystro ymdrechion i ddatblygu'r ardal. Mae'r bobl leol hefyd yn tueddu bod yn amheus o asiantaethau allanol sy'n ceisio gwella'r sefyllfa yn ardal St Paul's, yn bennaf am fod tueddi roi pwyslais ar wella adeiladau a chyfleusterau'r ardal yn hytrach na rhoi sylw i faterion fel cyflogaeth ac anghydraddoldeb.

## Allgau cymdeithasol

Ystyr allgau cymdeithasol yw bod ar wahân i'r brif gymdeithas, neu fod yn gymdeithas ar yr ymylon. Yn aml mae'n cynnwys **stigma** lle mae gan bobl deimladau negyddol at unigolyn neu at grŵp. Mae allgau cymdeithasol yn amlochrog ac yn cynnwys hil, dosbarth cymdeithasol, ethnigedd, rhywioldeb a/neu oedran (*gwahaniaeth*). Mae pobl ddigartref yn enghraifft o grŵp o bobl sy'n gallu cael eu cau allan o'r gymdeithas (er bod hynny'n aml oherwydd eu bod nhw wedi colli'u gwaith). Tuedd pobl wedyn yw edrych arnyn nhw fel carfan sydd ddim yn gynhyrchiol ac felly ddim yn perthyn. Maen nhw'n rhan o'r **Cylch Amddifadedd**. Cylch yw hwn sy'n dangos bod un broblem yn gallu arwain at broblem arall, e.e. diffyg gwaith sy'n arwain at broblemau eraill sy'n gwneud pethau'n waeth. Mae pobl sy'n cael eu heffeithio gan allgau cymdeithasol yn dueddol o fyw yng nghanol y dinasoedd. Dyma'r ardaloedd, yn eu barn nhw, sy'n cynnig yr amgylchedd gorau ar gyfer eu ffordd nhw o fyw. Yr ymateb yw 'cynllunio allan' y gweithgareddau problemus a chyflwyno diwylliannau mwy parchus. Efallai na fydd amddifadedd yn cyrraedd y lefelau a nodir yma, ond mae'n bosib gweld elfennau o'r broses honno:

- barn negyddol am bobl sy'n byw ar ystadau tai cyngor sydd â lefelau uchel o ddiweithdra. Maen nhw'n aml yn cael eu galw'n 'ddiog' neu'n rhai 'sy'n cymryd mantais o'r system fudd-daliadau'
- cymdogaethau sy'n cael eu cyfrif fel ardaloedd gwaharddiedig ('no-go area') oherwydd trosedd a materion iechyd meddwl
- datblygiad ardaloedd 'golau coch'
- costau rhentu tai a'r polisi hawl i brynu tŷ cyngor.

Canlyniad allgau cymdeithasol yw creu ardaloedd cymdeithasol-economaidd mewn aneddiadau sy'n dibynnu allu pobl i dalu, eu gallu i ennill arian, statws cymdeithasol ac, yn y gorffennol, creu cylchfeydd (*achosiaeth*).

## Lefelau llygredd a dad-ddiwydiannu

Yn 2013, roedd llosgi tanwydd yn cyfrif am 83% o'r llygredd. Mae cau diwydiannau trwm fel gweithfeydd dur a phwerdai sy'n llosgi glo wedi arwain at ostyngiad yn lefel y sylffwr deuocsid ($SO_2$) sydd yn yr aer. Mae allyriadau sylffwr deuocsid wedi lleihau i 7% o lefelau 1970. Fe wnaeth allyriadau llosgi diwydiannol leihau 94% rhwng 1970 a 2013. Digwyddodd y gostyngiad rhwng 1970 ac 1985, yn bennaf oherwydd y lleihad yn y diwydiannau trwm. Mae lleihad wedi bod yn y defnydd o lo ac olew tanwydd a chynnydd cyfatebol yn y defnydd o nwy naturiol i gynhyrchu pŵer. Os yw'r DU yn mynd i gyflawni gofynion Protocol Gothenburg erbyn 2020 yna bydd angen cwtogi allyriadau o 26% eto. Am fwy o fanylion effeithiau llygredd ar bobl ewch i: **www.naei.defra.gov.uk/overview/ pollutants?pollutant_id=8**.

## Canlyniad colli diwydiannau cynradd mewn ardaloedd gwledig

Ar gyfartaledd, oedran ffermwyr yn y DU yw 59. Cynyddu mae'r oed cyfartalog gan nad yw ffermwyr, fel arfer, yn ymddeol. Mae'r diwydiannau cynradd yn wynebu sialensiau mawr – yn arbennig felly yn yr ardaloedd mwyaf anghysbell. Tir amaethyddol yw 60% o arwynebedd Cymru (20,000 km²) tra bod 9.5% yn goetir. Mae dwysedd y boblogaeth yn isel a maint y ffermydd, ar gyfartaledd, yn gymharol fach (59 ha). Mae'r rhwydwaith ffyrdd yn cynnwys nifer sylweddol o ffyrdd cul. Digon diffygiol yw'r cyswllt TGCh a chyswllt band eang, felly mae'n anodd cynnal gwasanaethau pan fo cyn lleied o aneddiadau'n gallu gwasanaethu fel hwb i ardal ehangach. Prin yw'r gweithwyr medrus ar ffermydd felly mae tipyn o fuddsoddiad wedi'i glustnodi ar gyfer hyfforddi'r 13,000 o ffermwyr Cymru. Mae llawer o ardaloedd gwledig yn gweld pobl ifanc yn gadael i ennill cymwysterau, gan adael poblogaeth wedyn sy'n brin o gymwysterau. Gall hynny arwain at lefelau uchel o ddiweithdra: 6.9% mewn ardaloedd gwledig (*risg*).

## Mynegrif Amddifadedd Lluosog ar gyfer Cymru

Sail yr astudiaeth hon oedd adnabod 389 o'r ardaloedd oedd yn dioddef y lefelau uchaf o amddifadedd yng Nghymru. Mae'r **Mynegrif** yn cynnwys gwahanol gydrannau (gweler Ffigur 15). Mae pob parth yn cynnwys dangosyddion pellach (gweler Mynediad i Wasanaethau). Yn achos nifer o'r ardaloedd gwledig, nid yw'r trothwy ar gyfer y gwasanaethau yma'n cael ei gyrraedd.

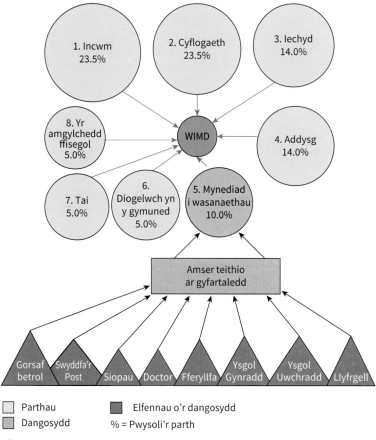

**Ffigur 15** Cydrannau sy'n cael eu cynnwys yn y Mynegrif Amddifadedd Lluosog ar gyfer Cymru (WIMD)

Mae Ffigur 16 yn dangos amddifadedd yng Nghymru yn 2014. Prin yw'r ardaloedd amddifadedd yng nghefn gwlad. Trefi cymharol fach, fel y Drenewydd, yw'r ardaloedd hynny fel arfer, ynghyd ag ardaloedd mynyddig anghysbell neu ardaloedd ar gyrion Cymru (Penrhyn Llŷn). Dim ond 2% o'r ardaloedd mwyaf difreintiedig sy'n wledig, ond mae bron 18% o'r rhai mwyaf difreintiedig yn byw yng nghefn gwlad Cymru. Nid yw amddifadedd o anghenraid wedi'i ganoli mewn ardal benodol bob tro. Yn aml, gall llywodraeth leol a rhanbarthol fethu â'i weld gan fod achosion unigol yn gallu cael eu colli mewn data sy'n cyfeirio at ardal ystadegol fawr.

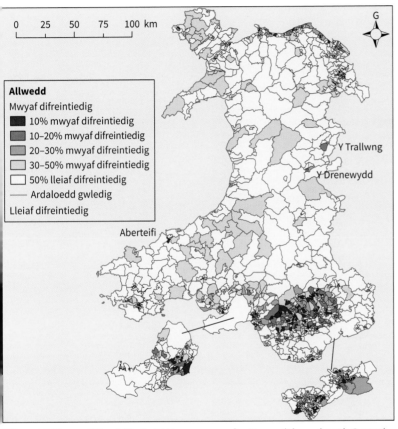

**Ffigur 16** Mynegrif Amddifadedd Lluosog ar gyfer Cymru (Llywodraeth Cymru)

# Polisïau'r llywodraeth mewn lleoedd wedi dad-ddiwydiannu

Dyma faes sy'n newid yn gyson gan fod llywodraethau lleol, cenedlaethol a rhyngwladol yn newid eu polisïau'n gyson.

## Cronfeydd Strwythurol a Buddsoddi Ewropeaidd 2014–20

Mae'r polisïau rhanbarthol yn cael eu hariannu o dair prif ffynhonnell sef Cronfa Datblygu Rhanbarthol Ewrop (ERDF), *Cohesion Fund* (CF) a Chronfa Gymdeithasol Ewrop (ESF). Yn ychwanegol at y rhain, mae Cronfa Amaethyddol Ewrop ar gyfer Datblygu Gwledig (EAFRD) a Chronfa Môr a Physgodfeydd Ewrop (EMFF). Gyda'i gilydd, maen nhw'n ffurfio Cronfeydd Strwythurol a Buddsoddi Ewropeaidd (ESI). Bellach, mae'r rhaglenni yma dan faner **Y Rhaglen Dwf** (*The Growth Programme*).

## Cronfa Datblygu Rhanbarthol Ewrop

Sefydlwyd Cronfa Datblygu Rhanbarthol Ewrop yn 1975. Y brif nod oedd cefnogi prosiectau a gweithgareddau sy'n lleihau'r gwahaniaethau economaidd o fewn gwledydd yr UE. Mae'r Gronfa'n cefnogi prosiectau sy'n sbarduno datblygiad economaidd a chynyddu cyflogaeth drwy gefnogi mewnfuddsoddiad a hyfforddiant yn y rhanbarthau tlotaf. Mae'r Gronfa hefyd yn gwarchod yr amgylchedd naturiol er mwyn gwella ansawdd bywyd y boblogaeth yn ogystal â gwneud yr ardaloedd hyn yn fwy deniadol i fuddsoddwyr a thwristiaid. Cefnogir buddsoddiadau i wella isadeiledd yr ardal yn ogystal â chynlluniau i ailhyfforddi gweithwyr a lleihau'r gwahaniaethau rhwng y rhanbarthau tlotaf a'r rhanbarthau mwyaf cyfoethog (*addasiad* a *lliniariad*).

Y blaenoriaethau yw:

1 Cynyddu gwaith ymchwil, datblygiad technoleg ac arloesedd (twf trydyddol).

2 Gwella gwasanaethau gwybodaeth, cyfathrebu a thechnoleg (twf trydyddol a chwaternaidd).

3 Gwneud cwmnïau bach a chanolig yn fwy cystadleuol.

4 Cefnogi'r symudiad tuag at economi carbon isel.

5 Hyrwyddo addasu i newid hinsawdd, rhwystro a rheoli risg.

6 Cadw ac amddiffyn yr amgylchedd a hyrwyddo defnydd effeithlon adnoddau.

7 Hyrwyddo cludiant cynaliadwy a dileu tagfeydd trafnidiaeth ar y prif rwydweithiau.

8 Hyrwyddo cynhwysiad cymdeithasol a lleihau tlodi a gwahaniaethu.

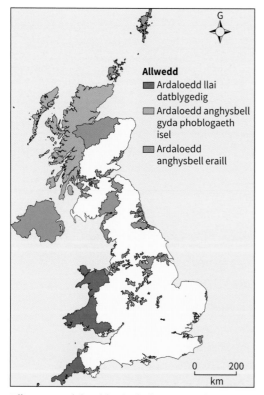

**Ffigur 17** Ardaloedd sy'n derbyn cymorth yn y DU

Mae tri math o gefnogaeth ranbarthol yn y DU:

1 **Yr ardaloedd mwy datblygedig:** sy'n cynnwys y rhan fwyaf o Loegr, gyda'r nod o leihau problemau economaidd, amgylcheddol a chymdeithasol mewn ardaloedd trefol. Pwyslais arbennig ar ddatblygiad trefol cynaliadwy.

2 **Ardaloedd sy'n naturiol dan anfantais oherwydd eu bod yn fynyddig/anghysbell ac yn brin eu poblogaeth:** mae'r ardaloedd mwyaf ymylol hefyd yn manteisio ar gymorth y Gronfa ERDF er mwyn ymateb i anfanteision o fod yn anghysbell, e.e. Ucheldiroedd ac Ynysoedd yr Alban.

3 **Rhanbarthau llai datblygedig:** yng Nghymru, mae Gorllewin Cymru a'r Cymoedd yn rhanbarthau llai datblygedig. Dim ond un rhanbarth sy'n cael ei gynnwys o fewn y categori hwn yn Lloegr, sef Cernyw ac Ynysoedd Scilly.

---

### Gwaith maes

Oes yna brosiect Cronfa Datblygu Rhanbarthol Ewrop (ERDF) yn eich ardal chi? Os oes prosiect o'r fath yna beth yw ei nod a sut fyddech chi'n gwerthuso llwyddiant y prosiect? Ydy'r prosiect yn darparu swyddi newydd neu'n cymryd lle swyddi sydd wedi'u colli? Ydy'r prosiect yn gwella'r amgylchedd ac yn denu ymwelwyr? Pwy sy'n ennill a phwy sydd ar eu colled dan y prosiect? Pa effaith fydd gadael yr UE yn ei chael ar y prosiect?

---

## *Cronfa Gymdeithasol Ewrop*

Bwriad Cronfa Gymdeithasol Ewrop (ESF) yw:

- taclo tlodi ac all-gau cymdeithasol (*social exclusion*) drwy gynyddu cyflogaeth a helpu pobl i gael cyflogaeth gynaliadwy
- buddsoddi mewn sgiliau a gwella amrywiaeth swyddi
- buddsoddi yn ein pobl ifanc a datblygu'r sgiliau angenrheidiol i wynebu'r sialens o weithio mewn economi sy'n seiliedig ar wybodaeth

Mae'r rhain i gyd yn *lliniarol*.

Er mwyn llwyddo, mae'r rhaglen yn anelu at:

- leihau tlodi
- cynyddu sgiliau'r gweithlu a lleihau nifer y gweithwyr sydd heb sgiliau sylfaenol
- cynyddu cyflogaeth a chyrhaeddiad pobl ifanc
- lleihau anghydraddoldebau yn y farchnad lafur ymysg merched a grwpiau eraill sydd dan anfantais.

Mae'r rhain i gyd yn cynnwys *addasiad, risg* a *lliniariad*.

## Cyllido Cenedlaethol: Ardaloedd Menter

Mae Ffigur 18 yn dangos **Ardaloedd Menter** yng Nghymru (7) a Lloegr (24). Mae 15 o Ardaloedd Menter yn yr Alban. Mae'r Ardaloedd Menter bellach yn rhan o raglen **Partneriaeth Menter Leol**. Mae Ardaloedd Menter mewn ardaloedd trefol wedi bod yn llwyddiannus iawn ers eu sefydlu yn ystod yr 1980au. Mae Ffigur 19 yn dangos dosbarthiad cyflogaeth yn Abertawe yn 2013. Gwelwyd bod cymaint â 25% o swyddi newydd yn y sector preifat wedi sefydlu yn Ardal Fenter Abertawe o gymharu â 18% yng nghanol y ddinas.

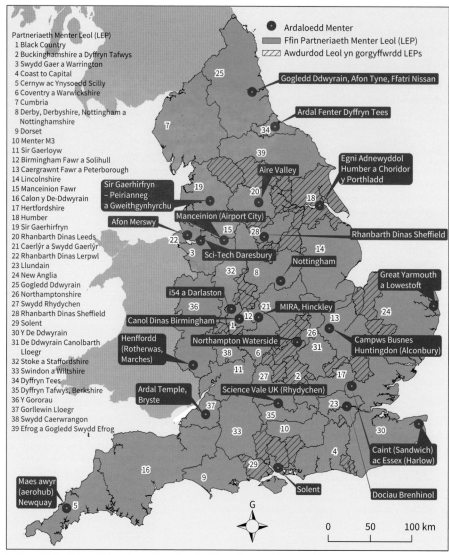

**Partneriaeth Menter Leol (LEP)**
1 Black Country
2 Buckinghamshire a Dyffryn Tafwys
3 Swydd Gaer a Warrington
4 Coast to Capital
5 Cernyw ac Ynysoedd Scilly
6 Coventry a Warwickshire
7 Cumbria
8 Derby, Derbyshire, Nottingham a Nottinghamshire
9 Dorset
10 Menter M3
11 Sir Gaerloyw
12 Birmingham Fawr a Solihull
13 Caergrawnt Fawr a Peterborough
14 Lincolnshire
15 Manceinion Fawr
16 Calon y De-Ddwyrain
17 Hertfordshire
18 Humber
19 Sir Gaerhirfryn
20 Rhanbarth Dinas Leeds
21 Caerlŷr a Swydd Gaerlŷr
22 Rhanbarth Dinas Lerpwl
23 Llundain
24 New Anglia
25 Gogledd Ddwyrain
26 Northamptonshire
27 Swydd Rhydychen
28 Rhanbarth Dinas Sheffield
29 Solent
30 Y De Ddwyrain
31 De Ddwyrain Canolbarth Lloegr
32 Stoke a Staffordshire
33 Swindon a Wiltshire
34 Dyffryn Tees
35 Dyffryn Tafwys, Berkshire
36 Y Gororau
37 Gorllewin Lloegr
38 Swydd Caerwrangon
39 Efrog a Gogledd Swydd Efrog

Legend:
● Ardaloedd Menter
▭ Ffin Partneriaeth Menter Leol (LEP)
▨ Awdurdod Leol yn gorgyffwrdd LEPs

Map labels:
Gogledd Ddwyrain, Afon Tyne, Ffatri Nissan
Ardal Fenter Dyffryn Tees
Egni Adnewyddol Humber a Choridor y Porthladd
Aire Valley
Sir Gaerhirfryn – Peirianneg a Gweithgynhyrchu
Afon Merswy
Manceinion (Airport City)
Rhanbarth Dinas Sheffield
Sci-Tech Daresbury
Nottingham
Great Yarmouth a Lowestoft
i54 a Darlaston
Canol Dinas Birmingham
MIRA, Hinckley
Henffordd (Rotherwas, Marches)
Campws Busnes Huntingdon (Alconbury)
Northampton Waterside
Ardal Temple, Bryste
Science Vale UK (Rhydychen)
Maes awyr (aerohub) Newquay
Solent
Caint (Sandwich) ac Essex (Harlow)
Dociau Brenhinol

0   50   100 km

**Ffigur 18** Ardaloedd Menter a Phartneriaethau Menter Lleol yn Lloegr

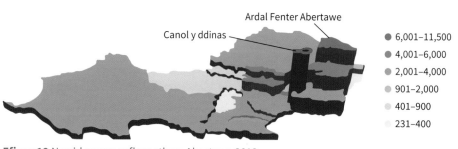

Ardal Fenter Abertawe
Canol y ddinas

● 6,001–11,500
● 4,001–6,000
● 2,001–4,000
● 901–2,000
● 401–900
● 231–400

**Ffigur 19** Newid mewn cyflogaeth yn Abertawe 2013

## Partneriaethau Menter Lleol

Mae **Partneriaethau Menter Lleol (LEPs)** yn rhan o bolisi Ardaloedd Menter yn y DU. Mae LEP y Solent (Ffigur 20) yn rhoi sylw i'r chwe phrif ardal o fewn yr LEP – mae un

---

**Profi gwybodaeth 7**

Beth yw manteision ac anfanteision portreadu'r data yn Ffigur 19?

**Cyngor i'r Arholiad**

Mae'n bwysig eich bod yn gallu gwerthuso mantesion ac anfanteision pob dull mae daearyddwyr yn arddangos data.

**Gwaith maes**

Ewch ati i ymchwilio i ddefnydd tir mewn Ardal Fenter yn y gorffennol, y presennol ac yn y dyfodol. Mae'r wefan http://businesswales. gov.wales/enterprise zones/ yn cynnig ffynhonnell eilaidd fel man cychwyn i'ch gwaith ymchwil.

ohonyn nhw, sef Wellbourne yn safle tir glas – mae'r fenter hefyd yn rhoi sylw i wella agweddau o rannau mwy difreintiedig y LEP.

Mae **Grantiau Cymunedol** yn cael eu defnyddio i helpu wardiau gyda lefelau uchel o ddiweithdra a phroblemau cydlyniad cymdeithasol. Mae 16 ward ar Ynys Wyth a phedair ward yn Havant, i gyd yn cynnwys ardal lle'r oedd ystadau cyngor ar gyfer poblogaeth gorlif wedi'u sefydlu yn ystod yr 1950au, yn gymwys ar gyfer derbyn grant.

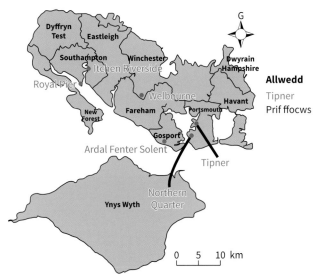

**Ffigur 20** Partneriaeth Menter Leol Solent, Ardal Fenter Solent a'r chwe safle tir llwyd ar gyfer cynlluniau adfywio economaidd

## Gwaith maes

Oes yna ward yn eich ymyl chi sy'n dioddef o lefelau uchel o ddiweithdra? Os felly, ewch ati i asesu hunaniaeth y ward honno a sut mae'r ward yn cael ei chynrychioli. Pa gamau sy'n cael eu cymryd i wella pethau?

## Buddsoddi Uniongyrchol o Dramor

Mae Buddsoddi Uniongyrchol o Dramor yn fuddsoddiad gan gwmni sydd wedi'i leoli mewn un wlad ond sy'n buddsoddi mewn gwlad arall. Daw'r rhan fwyaf o'r buddsoddiad hwn o gwmnïau mawr amlwladol. Gwledydd sydd â gweithlu medrus a chyfleoedd da ar gyfer sicrhau twf sy'n denu'r math hwn o fuddsoddiad fel arfer. Yn ystod 2014–15 cafodd 84,000 o swyddi eu creu yn y DU o ganlyniad i fuddsoddiad o'r fath mewn 1,988 o brosiectau:

1   Gall y buddsoddiadau hyn fod yn rhai mawr, fel buddsoddiad Toyota yn Burleston, Nissan yn Sunderland, Lockhead Martin Space yn Harwell a BMW/Rolls Royce yn Bognor (*cyd-ddibyniaeth*).

2   Gall y buddsoddiadau hefyd fod mewn ardaloedd trefol, fel y Shard yn Battersea gan gwmni buddsoddi o Malaysia, neu fuddsoddiad gan yr Emiradau Arabaidd Unedig ym Manceinion (Stadiwm Etihad). Weithiau, gwelir buddsoddi mewn cwmnïau sy'n bodoli eisoes. Cwmni Masdar o'r Emiradau yw'r cwmni mwyaf yn y DU bellach o ran buddsoddiad mewn melinau gwynt. Buddsoddwyr o Hong Kong sydd bellach yn berchen ar borthladd Felixstowe.

**3**  Mae Buddsoddi Uniongyrchol o Dramor hefyd yn denu diwydiannau trydyddol a chwaternaidd (tudalennau 46–65). Agorodd cwmni Cray Computers (Seattle) eu swyddfa gyntaf y tu allan i UDA ym Mryste. Mae un rhan o dair o'r prosiectau hyn yn y sector cwaternaidd.

Mae arian Buddsoddi Uniongyrchol o Dramor yn aml iawn yn gysylltiedig â pholisïau'r llywodraeth i geisio adfywio economi ardaloedd penodol, fel sefydlu cwmni ceir Nissan yng Ngogledd Ddwyrain Lloegr. Yn yr un modd, aeth Llywodraeth Cymru ati i gynorthwyo cwmni TG o Israel i ehangu cyfleusterau Ymchwil a Datblygiad yng Nghasnewydd. Er hynny, mae'r rhan fwyaf o gwmnïau amlwladol yn dewis buddsoddi mewn ardaloedd llwyddiannus (*hunaniaeth*).

## Gwaith maes

Dewiswch gynllun sydd wedi derbyn Buddsoddiad Uniongyrchol o Dramor. Ewch ati i asesu effaith y cynllun hwnnw ar yr amgylchedd yn ogystal â'r bobl sy'n byw gerllaw. Pwy sy'n elwa o'r buddsoddiad a phwy sydd ar eu colled?

## Crynodeb

- Mae dad-ddiwydiannu'n effeithio ar yr amrywiaeth economaidd mewn lle penodol yn ogystal â chreu amrywiaeth o effeithiau cymdeithasol ac amddifadedd.
- Bydd amddifadedd lluosog yn amrywio o fewn a rhwng lleoedd a rhanbarthau. Gellir dadansoddi hyn drwy ddefnyddio ffynonellau eilaidd o'r cyfrifiad.
- Mae ardaloedd gwledig wedi colli cyflogaeth yn y diwydiannau cynradd.
- Mae gan lywodraethau rhyngwladol, cenedlaethol a lleol bolisïau i liniaru colli swyddi a chreu swyddi newydd.

# ■ Yr economi gwasanaethau (trydyddol) – yr effeithiau cymdeithasol ac economaidd

Yn 2011, roedd 81% o boblogaeth y DU yn gweithio yn y sector gwasanaethau (gan gynnwys y sector cwaternaidd – tudalennau 58-65) o gymharu â 76% yn 2001. O fewn y sector hwn mae 92% yn ferched a 71% yn ddynion. Yr economïau gwasanaethau a chwaternaidd yw prif gyflogwyr aneddiadau'r DU.

## Ffactorau sy'n hybu twf y sector gwasanaethau

Tyfodd y sector trydyddol neu'r sector gwasanaethau i gynnal y sector gweithgynhyrchu. Roedd y diwydiannau gweithgynhyrchu angen cyllid i brynu nwyddau crai a marchnata eu cynnyrch. Tyfodd y sector hefyd wrth i gwmnïau a gweithwyr ddod yn fwy cyfoethog gan gynyddu'r galw am fanciau, yswiriant a chyfreithwyr. Er mwyn sicrhau cysylltiad hwylus â'u cleientiaid, cafodd y gwasanaethau hyn eu lleoli'n wreiddiol yng nghanol y dinasoedd. Mae gan nifer o ddinasoedd ardaloedd cyfreithiol yn agos at y llysoedd barn. Tyfodd llywodraeth hefyd ar lefel genedlaethol a lleol, gan arwain yn aml at adeiladu neuaddau tref mawr ac ardaloedd gweinyddol oedd yn adlewyrchu cyfoeth y ddinas a'i rhanbarth (e.e. Parc Cathays, Caerdydd) (*achosiaeth* ac *amser*). Mae cwmnïau sy'n gwerthu gwybodaeth, fel cyllid, y gyfraith a marchnata, yn elwa o leoliad agos at ei gilydd neu glystyru oherwydd gallan nhw gyfnewid gwybodaeth yn haws.

## Technoleg

Arweiniodd darganfyddiadau technolegol at glystyru swyddfeydd yng nghanol busnes trefi (CBD):

- Codwyd yr adeilad ffrâm ddur aml-lawr cyntaf (nendwr) yn Chicago yn 1884. Yn ddiweddarach, dyfeiswyd y lifft trydanol cyntaf (1880) a'r grisiau symudol cyntaf (1892) gan wneud codi adeiladau tal yn llawer haws.
- Dyfeiswyd y ffôn yn 1876 a arweiniodd at gyfathrebu cyflymach, i gymryd lle'r telegraff (1844) oedd yn caniatáu cyfathrebu dros bellter, er nad oedd yn ffactor allweddol yn natblygiad y sector trydyddol. Ond, mae'n siŵr mai gosod y cebl telegraff cyntaf ar draws yr Iwerydd (1866) oedd dechrau creu system gyfathrebu fyd-eang.
- Ar ddiwedd y bedwaredd ganrif ar bymtheg, roedd dyfodiad trydan yn allweddol o safbwynt datblygiadau mewn cyfathrebu a symudiad pobl.
- Gyda gwelliannau mewn cludiant, yn enwedig adeiladu tramffyrdd, yn ogystal â rheilffyrdd tanddaearol yn y dinasoedd mwy o faint, gallai'r gweithlu gymudo i'r gwaith dros bellter mwy (*achosiaeth*).

## Cynnydd mewn cyfoeth

Gwelwyd twf yn y sector gwasanaethau hefyd yn sgil y cynnydd mewn cyfoeth; roedd ar bobl eisiau buddsoddi a bancio'u cyfoeth, yswirio eiddo, prynu nwyddau ac roedd ganddyn nhw fwy o amser hamdden. Mae mwy o incwm gwario wedi arwain at dwf yn y diwydiannau hamdden (*adloniant* a *thwristiaeth*) gan gynnwys sefydlu asiantaethau teithio (*achosiaeth*, *lle*, *amser*).

## Cludo a chyfathrebu

Mae newidiadau mewn cludiant wedi galluogi sefydlu lleoliadau adwerthu, swyddfeydd a diwydiannau hamdden y tu hwnt i ganol y ddinas. Tyfodd cyrchfannau glan môr yn y bedwaredd ganrif ar bymtheg yn sgil teithio ar y rheilffordd, yn ogystal â datblygiadau cymdeithasol fel gwyliau blynyddol gorfodol. Mae cynnydd mewn teithio ar awyren wedi arwain at greu pecynnau gwyliau tramor rhad. Cafwyd cynnydd hefyd mewn gwyliau i bedwar ban y byd yn ogystal â chynnydd mewn eco dwristiaeth (*achosiaeth*, *gwahaniaeth*, *lle*).

Mae newidiadau mewn cyfathrebu hefyd yn newid dosbarthiad yr economi gwasanaethau. Bellach, mae archebu gwyliau ar-lein wedi cymryd lle asiantaethau teithio i raddau helaeth. Tyfodd gwestai a chanolfannau cynadledda i fod yn allweddol i fywyd busnes a thwristiaeth yn y mwyafrif o ddinasoedd mawr, e.e. Bournemouth International Centre (BIC) a Venue Cymru yn Llandudno.

# Ehangu adwerthu, masnach ac adloniant mewn rhai ardaloedd canolog

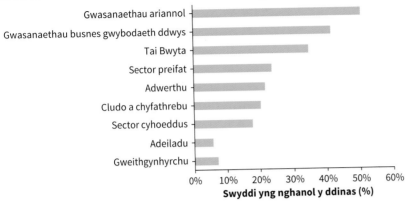

**Ffigur 21** Crynhoad swyddi yng nghanol dinasoedd yn 2011

**Tabl 10** Llinell amser canol y ddinas

| Y bedwaredd ganrif ar bymtheg | Symud i mewn i ddinasoedd yn ystod y Chwyldro Diwydiannol | TREFOLI |
| --- | --- | --- |
| Yn gynnar yn yr ugeinfed ganrif | Busnesau a phencadlysoedd wedi'u crynhoi yng nghanol dinasoedd mawr | CYDGRYNHOI |
| 1930au | Twf maestrefol cyflym; perchnogaeth ceir yn cynyddu | |
| 1940au | Bomio yn ystod yr Ail Ryfel Byd yn dinistrio canol trefi a dinasoedd – angen ailadeiladu | |
| 1950au–60au | Perchnogaeth ceir yn cynyddu; pobl yn gadael canol y ddinas ac yn symud i'r maestrefi a'r stadau tai | |
| 1960au–70au | Ailadeiladu sylweddol, clirio slymiau, adeiladau masnachol mawr; cyfoeth yn cynyddu | |
| 1960au–80au | Gostyngiad mewn gweithgynhyrchu a dirywiad mewn trefi a dinasoedd diwydiannol; datblygiad swyddfeydd yn cael ei gyfyngu yn Llundain ac yn gwasgaru i ddinasoedd eraill | DATGANOLI |
| 1970au a 80au | Boneddigeiddio yn Llundain (Notting Hill, Islington, Fulham); dibyniaeth gynyddol ar y car; atal cynlluniau traffyrdd trefol | |
| 1980au | Llai o gyfyngiadau ar ofod masnachol tu allan i ganol trefi; parciau adwerthu | |
| 1980–2000 | Yr economi trydyddol yn ehangu. Galw cynyddol am swyddfeydd | |
| 1980au–90au | Adfywio trefol – cynnydd mewn gofod adwerthu, swyddfeydd a hamdden yn y CBD | |
| 1990au | Defnydd cynyddol o TGCh a thechnoleg teleffonig | AILDREFOLI |
| 1990–2000 | Datblygiad tu allan i drefi yn cael ei gyfyngu; tagfeydd o ganlyniad i fwy o deithio mewn car; aildrefoli yn dechrau | |
| 2008–2014 | Enciliad, cynnydd yn nifer y siopau gwag; siopa ar y rhyngrwyd yn effeithio ar adwerthu | |

Canol dinasoedd yw lleoliad 72% y swyddi sgiliau uchel. Maen nhw hefyd 21% yn fwy cynhyrchiol nag ardaloedd y tu hwnt i'r trefi a'r dinasoedd. Graddedigion sy'n cael eu denu i'r ardaloedd hynny sydd â chrynhoad neu glwstwr o swyddi sy'n ddibynnol ar wybodaeth fel arfer. Dyma'r garfan sy'n gyfrifol am lenwi hanner y swyddi sydd wedi'u lleoli yng nghanol y dinasoedd. Mae canol busnes y dref (CBD) yn ardal fwy cyfyng sy'n gysylltiedig â swyddfeydd, gweinyddu ac adwerthu, tra bod yr Ardal Ganolog yn cynnwys defnyddiau tir eraill, fel preswyl a hamdden. Mae bron pob dinas fawr wedi gweld twf mewn swyddi, ond nid felly nifer o ardaloedd trefol maint canolig.

## Manteision lleoliad canol dinas

1  **Cydgrynhoad** ac **agosrwydd** yw prif fanteision lleoliad yng nghanol y ddinas ar gyfer busnes ac adwerthu (Ffigur 22). Mae canol y ddinas yn ganolbwynt i'r ffyrdd a'r rheilffyrdd ar gyfer y ddinas gyfan. Mae gan yr ardal drefol gyflenwad da o weithwyr ar gyfer cyflogwyr. Y canol yw'r ardal lle gellir gwerthu a chyfnewid syniadau a gwybodaeth, yn bennaf drwy gysylltiad wyneb-yn-wyneb, sef y dull traddodiadol sy'n dal i fod yn bwysig heddiw (e.e. mewn clybiau fel Soho House yn Llundain). **Gorlif gwybodaeth** (*knowledge spillover*) yw'r term a ddefnyddir am hyn. Cyllid, y gyfraith a marchnata yw'r gwasanaethau sydd wedi ennill fwyaf yng nghanol nifer o ddinasoedd.

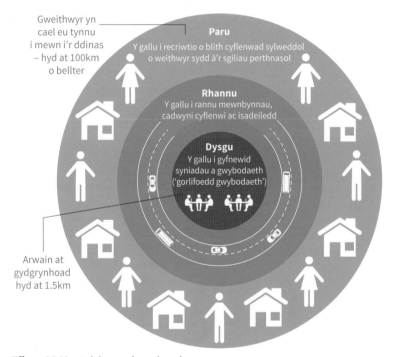

**Ffigur 22** Manteision cydgrynhoad

2  Mae **hygyrchedd** yn golygu bod y lleoliad ar gyfer siopa yn fwy cyfleus ar gyfer grwpiau incwm-is gyda mwy o ddewis a chyfleoedd i gymharu. Mae swyddi sydd wedi eu lleoli y tu allan i ganol y ddinas yn ei gwneud hi'n anoddach i bobl incwm isel i ddeithio iddyn nhw.

3  Mae **cyflenwad da o weithwyr medrus** yn denu cwmnïau gwasanaeth medrus i ganol dinasoedd. Gall y cwmnïau yma, yn eu tro, ddenu gweithwyr medrus eraill i ddod i'r lleoliad hefyd. Mae cyfran y graddedigion yng Nghaergrawnt (36%), Llundain (32%), Rhydychen (31%) a Reading (28%) yn 2011 yn esbonio pam fod y dinasoedd hyn yn denu gweithgareddau economaidd sgil-uchel (*achosiaeth* a *gwahaniaeth*).

## Ydy sefyllfa adwerthu yng nghanol dinasoedd a threfi'n dirywio ac, os felly, pam?

Dydy adwerthu ddim yn gallu llwyddo os nad oes pobl yn byw ac yn gweithio yng nghanol y ddinas. Os oes mwy a mwy o wasanaethau adwerthu yn symud tu allan i'r dref yna bydd llai o bobl yn siopa yng nghanol y ddinas. Yn 2013, roedd 1 o bob 8 siop yn y DU yn wag. Mae Tabl 11 yn dangos y siopau sy'n gadael canol trefi (y rhai sy'n lleihau mewn nifer) a'r rhai hynny sy'n cynyddu (cynyddu mewn nifer). Gall fod cysylltiad rhwng y gwasanaethau adwerthu newydd â'r cynnydd mewn cyflogau isel a'r nifer o bobl sydd dan anfantais.

**Tabl 11** Y newid yn nifer y siopau yng nghanol y dref mewn 500 o drefi ym Mhrydain, 2012 (*The Grimsey Review*)

| Cynnydd yn nifer y siopau | Unedau | Lleihad yn nifer y siopau | Unedau |
|---|---|---|---|
| Siopau elusen | +174 | Dillad merched | –264 |
| Siopau cyfnewid eiddo am arian | +128 | Asiantaethau recriwtio | –210 |
| Siopau cyfleus | +113 | Gemau cyfrifiadurol | –187 |
| Siopau cyfnewid sieciau | +64 | Siopau cardiau a phosteri | –184 |
| Siopau trin ewinedd | +106 | Siopau teganau | –119 |

Mannau arddangos ar gyfer chwilio a chymharu pris yw siopau erbyn hyn, gyda phrynwyr yn troi fwyfwy at brynu ar-lein a dosbarthu uniongyrchol neu 'glicio a chasglu'. Mae Tabl 12 yn rhestru rhai o fanteision ac anfanteision siopa ar y stryd fawr. Gall y gwrthwyneb yn hawdd gyfeirio at siopa ar y rhyngrwyd.

**Tabl 12** Manteision ac anfanteision siopa ar y stryd fawr

| Manteision siopa ar y stryd fawr | Anfanteision siopa ar y stryd fawr |
|---|---|
| Mwy pleserus a mwy cymdeithasol | Oriau agor cyfyngedig |
| Cael eich denu i brynu rhywbeth ychwanegol o'i weld yn y siop | Teithio i'r siop ac yn ôl, tagfeydd traffig |
| Siopa fel gweithgaredd hamdden a chyfle am goffi | Costau parcio a chludiant a chost teithio |
| Gwasanaeth personol gan siopwr agos-atoch chi | Gallu bod yn anoddach cymharu prisiau rhwng siopau gwahanol |
| Derbyn y nwyddau yn syth | Gwerthwyr sy'n gwthio am benderfyniad |
| Gweld a theimlo'r nwyddau | Drutach o ganlyniad i gost lle storio ac arddangos nwyddau |
| Gallu cymharu nwyddau | Diffyg gwybodaeth fanwl am y cynnyrch a'r gwasanaethau. Y rhyngrwyd yn gallu cynnig y wybodaeth honno |

Mae Tabl 13 yn dangos detholiad o werthiant e-fasnach.

**Tabl 13** Gwerthiant ar-lein/e-fasnach 2015

| Math o adwerthu | % sy'n cael ei brynu ar-lein | Gwerthiant ar y rhyngrwyd fel % o holl werthiant ar y rhyngrwyd yn ôl gwerth | Math o adwerthu | % sy'n cael ei brynu ar-lein | Gwerthiant ar y rhyngrwyd fel % o holl werthiant ar y rhyngrwyd yn ôl gwerth |
|---|---|---|---|---|---|
| Nwyddau electronig | 49 | 29.0 | Nwyddau cosmetig | Dim data | 2.3 |
| Ffasiwn | 19 | 28.6 | Llyfrau | 45 | 1.5 |
| Bwyd | 6 | 19.9 | Nwyddau cerddorol | 42 | 1.3 |
| Dodrefn | Dim data | 2.7 | — | — | — |

Mae methiant ariannol adwerthwyr hefyd yn effeithio ar ganol dinasoedd. Yn 2016, cafodd BHS ac Austin Reed eu rhoi yn nwylo gweinyddwyr. Mae siop sydd wedi cau, yn enwedig

**Profi gwybodaeth 8**

Disgrifiwch ac eglurwch y data yn Nhabl 13.

siopau mwy o faint, yn newid delwedd y stryd fawr. Efallai na fydd y siop newydd ddaw i gymryd lle hen siop yn adfer delwedd flaenorol y stryd, gan achosi gostyngiad pellach yn apêl rhai strydoedd/canolfannau. Gall colli swyddi leihau pwysigrwydd canol tref fel man gwaith a thwristiaeth (*addasu, ymlyniad, gwahaniaeth* a *gwydnwch*)

## Dadansoddiad cymydog agosaf o glystyrau siopau mewn canolfan

Ar fap o'r ardal neu'r ganolfan siopa bydd angen i chi fapio'r gwahanol fathau o siopau sydd i'w gweld yno. Un o'r ffyrdd gorau o wneud hyn yw defnyddio Cynllun Goad (*Goad Plan*). Cofiwch, bydd angen i chi wirio cywirdeb y manylion. Dyma'r camau i'w dilyn:

1 mesurwch y pellter rhwng pob math gwahanol o adwerthu (e.e. y pellter rhwng siop esgidiau a siop esgidiau arall), sef y cymydog agosaf

2 cofnodwch mewn tabl y pellter agosaf rhwng pob un siop sy'n gwerthu'r un math o gynnyrch

3 cyfrifwch y pellter cymedrig rhwng pob un o'r parau o gymdogion agosaf

4 mesurwch gyfanswm arwynebedd y ganolfan rydych yn ei hastudio
Noder: defnyddiwch yr un uned o fesur (e.e. metrau). Mae'n well mesur o fewn petryal sy'n gorchuddio'r ardal lle rydych yn dymuno mesur clystyru

5 cyfrifwch y cymydog agosaf gan ddefnyddio'r fformiwla:

$$R_n = \frac{\dot{D}}{0.5(1/\sqrt{(A/N)})}$$

- $R_n$  yw'r disgrifiad o'r dosbarthiad
- $\dot{D}$  yw'r pellter cymedrig rhwng y cymdogion
- A  yw'r ardal sy'n cael ei hastudio
- N  yw nifer y pwyntiau.

Bydd eich canlyniadau bob amser rhwng 0 a 2.15. Petai'r siopau esgidiau wedi'u clystyru'n berffaith (yn agos/drws nesaf at ei gilydd mewn ardal fach), byddai'r $R_n$ yn 0. Petaen nhw wedi'u dosbarthu ar hap, byddai'r $R_n$ yn 2.15. Byddai ffigur o 1.9 yn awgrymu rhywfaint o gysondeb yn nosbarthiad y math hwnnw o adwerthu.

# Boneddigeiddio a newidiadau cymdeithasol mewn lleoedd trefol canolog sy'n profi aildrefoli

Mae cyfoeth byd-eang yn gallu effeithio beth sy'n digwydd yn lleol. Canlyniad newid economaidd a chymdeithasol mewn lleoedd trefol canolog yw **boneddigeiddio**. Defnyddir y term boneddigeiddio i ddisgrifio crynodiad pobl gefnog yng nghanol dinasoedd.  Mae'r broses hon i'w gweld mewn dinasoedd fel Llundain, Efrog Newydd a Tokyo. Yn 2014, roedd gan y bobl gefnog hyn yn Llundain gyfartaledd eiddo gwerth $28 miliwn (UDA). Dyma rai rhesymau pam fod y bobl gefnog yma'n buddsoddi yng nghanol Llundain:

- chwyddiant sy'n golygu bod buddsoddiad mewn eiddo yn fuddsoddiad da
- galw am leoedd i fyw; mae'r DU yn lle diogel ar gyfer buddsoddi
- dymuniad i gael cartref yng nghanol dinas sy'n ganolbwynt i fwrlwm byd-eang.

Mae boneddigeiddio'n gysylltiedig â'r economi gwasanaethau ac aildrefoli. Daw gweithwyr proffesiynol, creadigol, technegol a rheolaethol sydd wedi derbyn addysg uwch i gymryd lle gweithwyr diwydiannol. Mae datblygwyr eiddo ariannog hefyd yn trawsnewid adeiladau diwydiannol hŷn yn fflatiau (*achosiaeth, addasu, risg* a *gwydnwch*).

**Cyngor i'r arholiad ar gyfer gwaith maes**

Wrth ddisgrifio canol dinas, cofiwch ddisgrifio lloriau uwch yr adeiladau, sy'n rhoi gwell argraff o ganol y ddinas fel yr oedd yn y gorffennol. Ychwanegiadau diweddar yw ffenestri mawr blaen y siopau, felly gallai'r adeiladau lle maen nhw wedi'u lleoli fod yn llawer hŷn.

**Gwaith maes**

Cwblhewch ddadansoddiad o'r clystyru sy'n digwydd o ran adwerthu drwy ddefnyddio dadansoddiad cymydog agosaf. Gall fod dimensiwn hanesyddol i'r gwaith.

**Gwaith maes**

Archwiliwch ddosbarthiad safleoedd gwag yn, ac o gwmpas, y CBD. Beth oedd yn arfer bod yno a pham mae'r lleoliad bellach yn wag? Pa fathau o fusnesau hoffai pobl sy'n byw yn y dre weld yn y safleoedd gwag hyn, er mwyn bod yn fwy cynrychiadol o'u tref?

- Wapping, Llundain oedd yr ardal gyntaf yn y ddinas lle trawsnewidiwyd stordai glan yr afon yn fflatiau moethus. Mae'r duedd hon wedi lledaenu i ardaloedd eraill yn Llundain lle mae adeiladau diwydiannol wedi peidio â bod yn ddefnyddiol.
- Yn fwy diweddar, mae safleoedd tir llwyd, fel Gorsaf Bŵer Battersea, ac ardaloedd gydag adeiladau ansawdd-isel o amgylch yr orsaf, hefyd yn cael eu clirio a'u datblygu'n fflatiau moethus.
- Mewn ardaloedd fel Shoreditch a Hoxton – ardaloedd preswyl dosbarth gweithiol yn ystod y bedwaredd ganrif ar bymtheg – mae tai'n cael eu newid yn gartrefi i weithwyr cyflog uchel y ddinas. Fflatiau moethus yw'r *Brune Street Soup Kitchen for the Jewish Poor* (1902) bellach. Mae Glanfa Edward England yng Nghaerdydd, sef yr hen ffatri datws, yn cael ei thrawsnewid yn fflatiau. Hyd yn oed mewn lleoedd gwledig, fel Arundel, mae tloty'r bedwaredd ganrif ar bymtheg wedi'i drawsnewid yn fflatiau.

Rhwng 1971 ac 1991 cafwyd gostyngiad yn nifer y bobl oedd yn byw yng nghanol dinasoedd y DU. Ond ers 1991, mae poblogaeth canol dinasoedd wedi cynyddu, gan ddyblu rhwng 2001 a 2011. Y dinasoedd mwyaf sydd wedi gweld y cynnydd mwyaf yn hyn o beth. Beth sy'n gyrru'r symudiad hwn tuag at aildrefoli?

- **Adeiladu fflatiau:** adeiladwyd mwy o fflatiau yng nghanol Manceinion rhwng 2001 a 2011 nag yn Llundain gyfan.
- **Caniatáu hawliau datblygiad:** caniatáu i ddatblygwyr drawsnewid swyddfeydd at ddefnydd preswyl yn yr ardaloedd lle mae galw uchel am gartrefi.
- **Twf poblogaeth cyflym:** tyfodd poblogaeth dinas fewnol Manceinion 198% a Sheffield 111% rhwng 2001 a 2011.
- **Cynnydd yn niferoedd myfyrwyr mewn prifysgolion wedi'u lleoli yng nghanol dinasoedd:** mae 39% o fyfyrwyr prifysgol Manceinion yn byw yng nghanol y ddinas.
- **Cynnydd yn nifer y bobl broffesiynol 25-34 oed mewn swyddi sgiliau uchel:** mewn dinasoedd mwy, maen nhw'n fwy tebygol o fod yn raddedigion sengl; mewn dinasoedd llai, mae'r rhai sydd â theulu fel arfer yn cymudo i'r ddinas i weithio.
- **Pobl yn byw ac yn gweithio yng nghanol y ddinas:** mae 39% o boblogaeth Canol Manceinion yn byw yng nghanol y ddinas.
- **Cyfleusterau hamdden a diwylliannol:** fel arfer yn ddibynnol ar y boblogaeth ifanc sydd wedi derbyn addysg.
- **Costau byw:** mewn trefi llai llwyddiannus, fel Doncaster, Casnewydd a Worthing, mae'n rhatach i fyw yng nghanol y ddinas.

Mae Tabl 14 yn dangos ystadegau o arolwg a gynhaliwyd yn 2015 sy'n amlygu rhesymau pobl dros fyw yng nghanol Manceinion a Brighton (*hunaniaeth*, *ystyr* a *chynrychioliad*).

**Tabl 14** Rhesymau pobl dros fyw yng nghanol Brighton a Manceinion (canran o'r rhai a holwyd a roddodd reswm am eu penderfyniad).

| Brighton | Rheswm | Manceinion |
|---|---|---|
| 30% | Agos at dai bwyta, cyfleusterau hamdden – ardal ar gyfer adloniant yng nghanol y ddinas | 60% |
| 15% | Agos at y gweithle | 40% |
| 28% | Cludiant cyhoeddus | 32% |
| 15% | Math o gartrefi sydd ar gael | 5% |
| 23% | Costau tai | 26% |
| 4% | Rwyf wedi cael fy magu yma | 1% |

Y bobl hyn yw'r boneddigwyr sy'n gweithio oriau hir ac sy'n awyddus i fyw'n agos at eu gwaith. Maen nhw hefyd yn dymuno bod o fewn cyrraedd amrywiaeth o gyfleoedd diwylliannol ac adloniant y mae canol y ddinas yn ei gynnig iddyn nhw.

# Newidiadau yn yr economi gwasanaethau

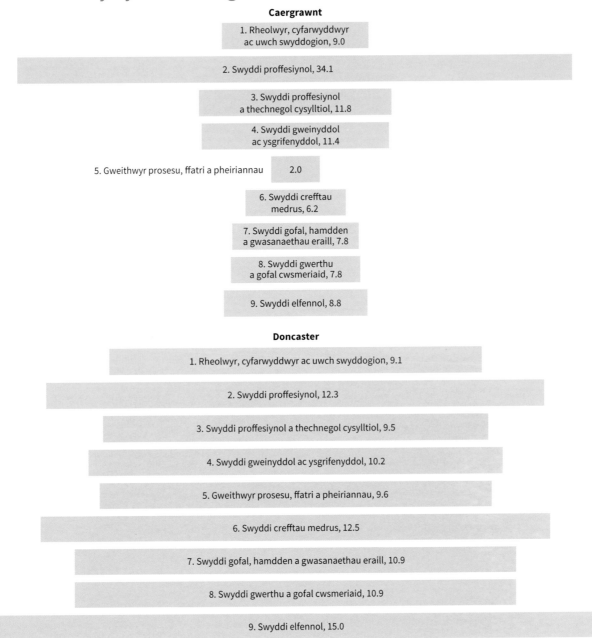

**Caergrawnt**

1. Rheolwyr, cyfarwyddwyr ac uwch swyddogion, 9.0

2. Swyddi proffesiynol, 34.1

3. Swyddi proffesiynol a thechnegol cysylltiol, 11.8

4. Swyddi gweinyddol ac ysgrifenyddol, 11.4

5. Gweithwyr prosesu, ffatri a pheiriannau   2.0

6. Swyddi crefftau medrus, 6.2

7. Swyddi gofal, hamdden a gwasanaethau eraill, 7.8

8. Swyddi gwerthu a gofal cwsmeriaid, 7.8

9. Swyddi elfennol, 8.8

**Doncaster**

1. Rheolwyr, cyfarwyddwyr ac uwch swyddogion, 9.1

2. Swyddi proffesiynol, 12.3

3. Swyddi proffesiynol a thechnegol cysylltiol, 9.5

4. Swyddi gweinyddol ac ysgrifenyddol, 10.2

5. Gweithwyr prosesu, ffatri a pheiriannau, 9.6

6. Swyddi crefftau medrus, 12.5

7. Swyddi gofal, hamdden a gwasanaethau eraill, 10.9

8. Swyddi gwerthu a gofal cwsmeriaid, 10.9

9. Swyddi elfennol, 15.0

**Ffigur 23** Cyflogaeth yn ôl grwpiau swyddi yng Nghaergrawnt a Doncaster 2011

Mae pob ardal drefol yn tyfu ac yn dirywio o ganlyniad i rymoedd cymdeithasol ac economaidd sy'n newid dros amser. Mae'r economi gwasanaethau wedi arwain at dwf poblogaeth a ffyrdd o fyw sy'n newid ym mhob ardal drefol, ond yn bennaf felly yn ne-ddwyrain y DU. Rhwng 1971 a 2009, roedd twf y boblogaeth mewn trefi a dinasoedd yn y DU yn cynyddu'n gyflym (Milton Keynes 253%, Telford 67%, Crawley 29%, Caergrawnt 47%, Reading 34%).

Ar y llaw arall, yn ystod yr un cyfnod, roedd ardaloedd trefol oedd yn dad-ddiwydiannu'n colli pobl a gweithgaredd economaidd (Lerpwl –19%, Glannau Tyne –10%, Stoke-on-Trent –4%, Burnley –3%). Mae'r galw am le ac am adeiladau newydd yn isel yn y lleoedd hyn ac yng nghanol y trefi gall adeiladau fod yn wag. Mewn dinasoedd sy'n dirywio, mae ymdrechion i wella ansawdd yr amgylchedd adeiledig a chymdogaethau pobl drwy **adfer** (clirio safleoedd gwag). Y bwriad yw ailddefnyddio'r tir ar gyfer swyddfeydd, parciau busnes, hamdden, twristiaeth a chartrefi. Llwyddiant cyfyngedig sydd i nifer o gynlluniau o'r fath, gyda nifer ohynyn nhw'n cynnig llai o swyddi na'r disgwyl. Mae tueedd i ddibynnu ar arian llywodraeth leol (e.e. Barnsley Gateway) gan nad oes llawer o alw am eiddo masnachol.

Gan fod y prif bwyslais ar adfywio masnachol, digon negyddol fu'r effaith ar bobl. 'Man cychwyn unrhyw bolisi trefol o ddifri yw cydnabod mai cyfoethogi a grymuso bywydau pobl yw'r nod, ble bynnag y maen nhw'n byw …' (Ed Glaeser 2008). Yn achos rhai dinasoedd, byddai 'dirywiad clyfar' a chreu mwy o le agored yn ddewis gwell (*gwahaniaeth* a *lliniariad*).

## Swyddogaethau: pam, ble ac enghreifftiau

Mae twf yr economi gwasanaethau dros y 50 mlynedd ddiwethaf wedi gweld amrywiaeth ehangach o leoliadau'n cael eu dewis a'u defnyddio nag erioed o'r blaen.

### Adwerthu (tu allan i'r dref)

- Cynnydd yn nifer uwchfarchnadoedd mawr, e.e. Sainsbury's, Tesco
- Ffyniant DIY: naill ai mewn adeiladau pwrpasol neu mewn unedau diwydiannol wedi'u haddasu, e.e. Homebase, IKEA
- Nwyddau trydanol ac electronig, e.e. Curry's-PC World
- Celfi a nwyddau i'r cartref, e.e. Furniture Village, DFS, John Lewis
- Dillad, e.e. Next
- Safleoedd sy'n cynnwys cyfuniad o gwmnïau er mwyn cynyddu llif cwsmeriaid, yn aml gerllaw cyffordd priffyrdd, e.e. M&S a Sainsbury's, Hedge End Southampton (*cyd-ddibyniaeth*)
- Allfa adwerthu, e.e. Pen-y-bont ar Ogwr; Tweedmill, Llanelwy; Cheshire Oaks ger Caer
- Adwerthu sy'n gysylltiedig â gorsaf betrol a gwasanaethau amrywiol ar ffyrdd a thraffyrdd, e.e. M&S, Waitrose
- Stadau diwydiannol: nifer yn dyddio o gyfnod cynharach yn yr ugeinfed ganrif, ond mae diwydiannau mwy newydd â phwyslais ar gynnig gwasanaeth yn cymryd lle'r hen unedau diwydiannol, e.e. gwydro dwbl, golchi ceir.

### Adwerthu (canol y dref)

- Adfywio canol y dref, e.e. canolfan West Quay, Southampton; Dewi Sant, Caerdydd; Westfield Llundain, Hammersmith
- Creu canol newydd i'r dref, e.e. mae stryd siopa a hamdden (gwestai a thai bwyta) awyr-agored newydd, Santana Row, yn arwain o Westfield Valley Fair Mall yn San José, California, yn creu delwedd fwy traddodiadol o ganol tref (*cyd-ddibyniaeth*)
- Adfywio hen ardal ddiwydiannol, e.e. Gunwharf Quays, Portsmouth
- Siopau cyfleustra newydd, tafarndai wedi'u hadnewyddu, siopau cornel o fewn y maestrefi mewnol, e.e. SPAR, Tesco Express
- Cwmnïau sy'n gwerthu ceir ar y ffyrdd i mewn i ganol y dref/ardal drefol, e.e. BMW, Audi
- Siopau arbenigol mewn trefi bychain, e.e. dillad ffasiynol, caws arbenigol, llyfrau, hen bethau

- Siopau elusen, siopau benthyca arian, siopau betio wedi'u lleoli fel arfer mewn canolfannau llai a strydoedd sy'n arwain at ganol y dref
- Dylanwad y rhyngrwyd ar faint y siop sy'n cael ei sefydlu ar y stryd fawr

## Swyddfeydd

- Clystyrau maestrefol, e.e. Canary Wharf, Llundain
- Addasu hen ysguboriau i greu swyddfeydd bychain mewn ardaloedd gwledig (*gwydnwch*)
- Ardal o swyddfeydd, e.e. Port Solent yn Portsmouth, oedd wedi dirywio ond sydd bellach wedi'i adnewyddu (dechreuwyd ar y gwaith pan ddatganolwyd swyddfeydd IBM o Lundain yno) (*gofod*)
- Parciau gwyddonol wedi'u sefydlu gan brifysgolion, e.e. Aberystwyth, Caergrawnt, Southampton, Parc Ymchwil Stanford, San José, California (*cyd-ddibyniaeth*)

## Hamdden

- Ardal hamddena yng nghanol trefi a dinasoedd yn y DU, yn aml wedi'u sefydlu mewn adeiladau sydd wedi'u haddasu
- Tai bwyta'n cael eu sefydlu mewn adeiladau oedd yn cael eu defnyddio i bwrpas arall cyn hynny, e.e. Jamie's Caergrawnt a Zizi, Caerdydd sydd wedi'u sefydlu mewn hen fanciau (*addasu, gwydnwch*)
- Sinemâu aml sgrin ar gyrion y CBD a thu allan i drefi, yn aml yn cael eu codi mewn perthynas â datblygiad adwerthu mwy (*cyd-ddibyniaeth*)
- Canolfannau hamdden amlbwrpas, e.e. Fleming Park, Eastleigh
- Canolfannau ymwelwyr, amgueddfeydd ac orielau mewn adeiladau wedi'u haddasu, e.e. *Museum of Modern Art* (SFMOMA) yn San Francisco (*addasu*)
- Gwestai, wedi'u sefydlu ar briffyrdd ar gyrion y dref yn aml, e.e. Premier Inn, Ibis
- Gwestai fel rhan o gynllun adfywio, e.e. Gwesty Dewi Sant, Bae Caerdydd; Ghiradelli Hotel, San Francisco sydd wedi'i sefydlu mewn hen ffatri siocled (*addasu*)
- Canolfannau cynadledda, e.e. Venue yn Llandudno; BIC a'r International Convention Centre (ICC) yn Birmingham, Santa Clara Convention Centre, California (*globaleiddio*)
- Canolfannau arddangos tu allan i drefi, e.e. National Exhibition Centre (NEC) Birmingham; Excel Llundain; San Matteo Event Centre, California (*globaleiddio cynnyrch a gweithgareddau*)
- Stadiwm fel lleoliad cyngerdd, e.e. Wembley, Stadiwm y Principality (Stadiwm y Mileniwm cyn hynny) Caerdydd; Levi Stadium, Santa Clara, California (*globaleiddio chwaraeon a chyngherddau*).

Mae elfen o **risg** yn perthyn i bob un o'r datblygiadau hyn. Ydych chi'n gallu dangos y prif gysyniadau tu ôl i'r holl bwyntiau bwled uchod? (Mae sawl enghraifft eisoes wedi'u cynnwys i'ch helpu.)

Sut mae adwerthu yng nghanol tref wedi newid? Nid yw pob rheswm yn berthnasol i bob tref. Sut maen nhw'n berthnasol i'ch tref leol chi (*gwahaniaeth, addasu* a *chynaliadwyedd*)?

- Mwy o arbenigo o ganlyniad i gynhyrchion newydd fel ffonau symudol
- Adwerthwyr newydd yn cymryd lle'r rhai sydd wedi gadael, e.e. Primark yn hen siopau Woolworths
- Datblygiadau adwerthu mawr newydd, yn cynnwys cwmnïau enwog sy'n denu prynwyr, fel siop John Lewis, Canolfan Dewi Sant yng Nghaerdydd a Grand Central yn Birmingham. Gelwir siopau o'r fath yn siopau angor
- Bydd trosiant siopau sydd wedi'u lleoli ar y strydoedd cefn yn is am eu bod yn llai amlwg neu oherwydd prinder siopwyr

## Cyngor i'r arholiad

Gwnewch yn siŵr bod gennych ddigon o enghreifftiau o'r tu hwnt i'r DU i ddangos dyfnder eich gwybodaeth. Mae'r enghreifftiau uchod o'r tu allan i'r DU i gyd o ardal Dyffryn Silicon yn California – sy'n cynnig enghraifft gyferbyniol dda.

- Mwy o gyfoeth ac apêl brandiau mawr sydd weithiau'n clystyru, e.e. Yr Ais, Caerdydd
- Technoleg newydd, e.e. 'clicio a chasglu'
- Cynnydd mewn perchnogaeth ceir, er bod costau parcio a thagfeydd yn gallu cadw ymwelwyr draw
- Yn y strydoedd ymylol a llai prysur, twf siopau betio/casinos, siopau elusen a siopau benthyca arian. Gall y rhain feddiannu calon rhai trefi llai llewyrchus.

## Effeithiau trydyddoli ar gyflogaeth

Ochr yn ochr â thwf yn yr economi gwasanaethau, gwelwyd cynnydd yn nifer y bobl gydag addysg dda sydd ar gyflogau uchel mewn swyddi proffesiynol, swyddi rheoli, swyddi technegol a swyddi creadigol.

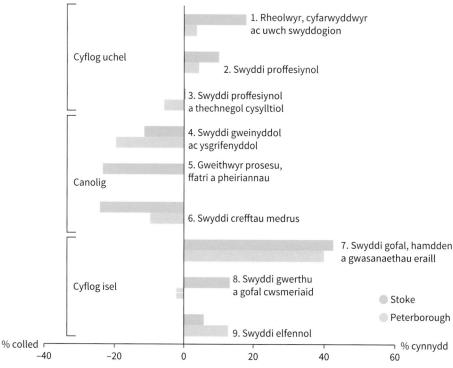

**Ffigur 24** Newidiadau mewn cyflogaeth yn Peterborough a Stoke-on-Trent 2011

Mae Ffigur 24 yn dangos sut y gwnaeth cyflogaeth mewn dwy ddinas bolareiddio rhwng 2001 a 2011 yn sgil y tueddiadau a ddangosir yn Ffigur 25. Yn Stoke-on-Trent, gwelwyd gostyngiad o ran y swyddi cyflogau canolig o 8% (roedd gostyngiad o 12.6% mewn swyddi gweithgynhyrchu) tra yn Peterborough, *lliniarwyd* y gostyngiad gan gynnydd yn nifer y gweithwyr diwydiannol. Yn y ddwy ddinas, tyfodd y sectorau cyflog isel, yn enwedig y sector gofal, lawer yn fwy na'r sectorau cyflog uchel.

## Twf gwaith gofalu: ochr negyddol trydyddoli

Rhwng 1990 a 2012, gwelwyd cynnydd mewn cyflogaeth yn y sector gofal. Yn 1990, roedd 3.3% yn gweithio yn y sector a gwelwyd cynnydd i 6.9% erbyn 2012. Rhagwelir y gallai'r sector gofal gyfrif am 8.3% o'r gyflogaeth erbyn 2022. Mae mwy na 55% o'r swyddi hyn yn y

**Profi gwybodaeth 10**

Pa dueddiadau swyddi posibl sy'n cael eu dangos yn Ffigur 24?

dinasoedd, ac maen nhw'n swyddi cyflog isel ac yn agored i gael eu heffeithio gan doriadau ariannol a gostyngiad yn sut mae'r economi yn perfformio. Yn 2014, doedd 17% o weithwyr gofal ddim yn derbyn cyflog digonol i fyw arno (8% o'r holl weithwyr yn genedlaethol). Mae nifer o swyddi'n rhai rhan-amser gydag oriau hyblyg, sy'n cael eu cyflawni gan ferched.

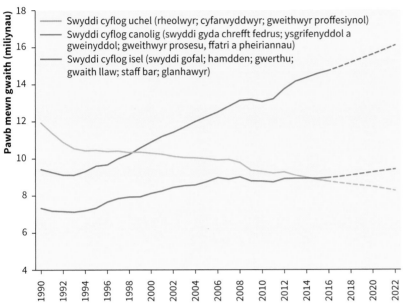

**Ffigur 25** Newidiadau mewn swyddi cyflog uchel, canolig ac isel mewn dinasoedd yn y DU 1990–2016 a rhagfynegiad i'r flwyddyn 2022.

Mae Ffigur 25 yn dangos bod cydbwysedd swyddi'n newid wrth i'r sector trydyddol ehangu.

## Gwaith maes

Astudiwch ddosbarthiad gwaith yn y sector gofal/cartrefi gofal mewn lle penodol. Gallwch ystyried beth yw maint y sector (e.e. nifer y bobl sydd mewn cartref gofal), lleoliad a'r mathau o adeiladau sydd yno.

## Crynodeb

- Mae twf y sector gwasanaethau mewn lleoedd wedi bod yn nodwedd amlwg mewn economïau datblygedig ers dros ganrif.
- Y canolfannau trefol fu'r lleoliad traddodiadol ar gyfer twf yn y sector gwasanaethau.
- Mae canol dinasoedd wedi newid o ran swyddogaethau i gynnwys swyddfeydd, adwerthu a hamdden.
- Ar ddiwedd yr ugeinfed ganrif, lledaenodd cyflogaeth yn y sector gwasanaethau i leoliadau eraill o fewn a thu hwnt i'r ardaloedd trefol.

- Mae adwerthu yng nghanol y dref yn cael ei herio gan dwf siopau y tu allan i ganol y dref yn ogystal â siopa ar-lein.
- Mae aildrefoli a boneddigeiddio'n newid hunaniaeth ardaloedd yng nghanol y dref neu'r ddinas.
- Mae rhai datblygiadau'n digwydd yng nghanol ardaloedd trefol o ganlyniad i ailddatblygu ac adfywio hen safleoedd diwydiannol /dociau.

# ■ Yr economi gwybodaeth (cwaternaidd) a'i effeithiau cymdeithasol ac economaidd yn ystod yr unfed ganrif ar hugain

**Tasg hunan-astudio**

Ydy ardal eich cartref chi mewn tref brifysgol? Faint o bobl sy'n gweithio ym myd addysg (prifysgolion, colegau ac ysgolion) yn lleol? Faint o bobl sy'n gweithio o fewn y sector iechyd? Chwiliwch ar y we neu yn yr *Yellow Pages* i weld a oes swyddi ym maes datblygu meddalwedd a chyfrifiaduron yn eich ardal chi. Ble maen nhw wedi'u lleoli?

## Beth yw economi cwaternaidd?

Mae'r economi cwaternaidd yn allweddol wrth ystyried pumed ton Kondratiev (Ffigur 8). Yr hyn sy'n amlwg yw'r cynnydd yn y defnydd o gyfrifiaduron a thechnoleg gwybodaeth. Mae'r cynnydd hwn wedi digwydd o ganlyniad i wella a chyflymu dulliau cyfathrebu a gwelliannau mewn cludiant, gan arwain at newid yn y tirlun trefol a newidiadau o fewn y dref neu'r ddinas. Un canlyniad yw bod clystyru'n digwydd mewn trefi a dinasoedd lle mae'r blaengaredd hwn yn amlwg. Mae blaengaredd yn aml yn gofyn am barodrwydd i fentro ac am fuddsoddiad ariannol. Gwelir gweithgareddau creadigol, digidol a phroffesiynol yn dod at ei gilydd mewn dinasoedd, oherwydd bod cyfleusterau yno i gefnogi gefnogi pobl sydd â sgiliau arbenigol uwch, yn cynnwys rhwydwaith band eang a chysylltiadau rhyngwladol.

Mae tuedd i gwmnïau gasglu at ei gilydd er mwyn gallu siarad, cydweithio a chyfnewid syniadau. Gall hyn arwain at ddatblygiad pellach. Yn 2015, roedd 65% o'r cwmnïau creadigol bach a chanolig ynghyd â 60% o'r cwmnïau digidol wedi'u lleoli mewn dinasoedd.

Dyma rai ffeithiau a rhestr o'r termau sy'n gysylltiedig ag economi cwaternaidd:

- Craidd llwyddiant yr economi gwybodaeth yw gallu pobl i arloesi.
- Mae gwasanaethau busnes sy'n defnyddio gwybodaeth fel rhan greiddiol o'r busnes (*KIBS – Knowledge Intensive Business Services*) yn tueddu i glystyru o hyd – a hynny er gwaetha'r ffaith fod systemau technoleg gwybodaeth yn gallu rhannu gwybodaeth ar draws y byd. Mae busnesau sy'n ddibynnol ar wybodaeth yn tueddu i ganoli mewn lleoedd penodol, e.e. Dyffryn Silicon neu Gaergrawnt. Mae'r wybodaeth honno'n aml yn cael ei hatgyfnerthu a'i chryfhau yn y lleoedd hynny. Mae graddedigion, sy'n gyfrifol am 50% o'r swyddi yn y gwasanaethau hyn, wedi'u lleoli yng nghanol trefi.
- Yn 2013, roedd yr economi digidol yn cyflogi 6% o weithlu'r DU (1.3 miliwn o bobl), gan gynnwys swyddi yn y sector TGCh (creu meddalwedd, rhwydweithiau band eang, creu caledwedd, gwerthu a marchnata) yn ogystal â pharatoi cynnwys digidol (y cyfryngau digidol, cyhoeddi, cerddoriaeth a hysbysebu).

- Mae'r diwydiannau creadigol yn cynnwys dylunio cynhyrchion a datblygu meddalwedd, darlledu, hysbysebu, llyfrgelloedd ac amgueddfeydd.
- Bydd biotechnoleg a datblygiadau gwyddonol eraill, fel ymchwil meddygol, yn ogystal â swyddi yn y byd cyfreithiol, cyfrifydda a rheoli, hefyd yn cael eu cynnwys.
- Cwmnïau sydd wedi dechrau fel cwmnïau bach ond sydd wedi tyfu'n gyflym (gyda rhai ohonyn nhw eisoes yn werth dros $1 bilwn UDA, e.e. Uber ac Airbnb). Mae'r ddau gwmni yma wedi dechrau yn Nyffryn Silicon. O'r 17 cwmni tebyg sydd yn y DU, mae 13 ohonyn nhw wedi'u lleoli yn Llundain.

Gall creu un swydd newydd yn y maes digidol sy'n ddibynnol ar wybodaeth arwain at hyd at 5 swydd yn yr economi'n gyffredinol – **effaith luosydd**.

Un dull o fesur arloesedd a chryfder yr economi gwybodaeth yw drwy gyfrif faint o hawliau patent sy'n cael eu cofnodi (Tabl 15). Ar lefel ryngwladol, mae China, De Korea, Yr Almaen ac UDA ar frig y tabl.

**Tabl 15** Hawliau patent am bob 100,00 o'r boblogaeth 2013

| Dinas | Hawliau patent am bob 100,000 | Dinas | Hawliau patent am bob 100,000 |
|---|---|---|---|
| Caergrawnt | 65.6 | Bolton | 0.4 |
| Caerloyw | 18.5 | Sunderland | 0.4 |
| Caeredin | 6.2 | Wigan | 0.6 |
| Sheffield | 5.6 | — | — |
| Bryste | 5.1 | — | — |

Ble bynnag y mae arloesedd a'r economi gwybodaeth yn gryf, yna mae canran y gweithlu sydd mewn swyddi sy'n gofyn am gymwysterau da, yn uchel. Yng Nghaergrawnt, mae gan 66% o'r boblogaeth sy'n gweithio gymwysterau o'r radd uchaf. Mae dinasoedd fel Caeredin (55%) yn dangos yr un patrwm. Y ganran yn Rhydychen yw 49%, 48% yn Llundain a 38% ym Mryste. Mae Burnley (16%), Sunderland (22%) a Hull (22%) ar ben arall y raddfa.

# Ffactorau lleoliad sy'n arwain at glystyru

Mae nifer o wledydd sydd â diwydiannau wedi'u selio ar wybodaeth wedi gweld clystyru'n digwydd. Dyna Silicon Alley, Manhattan, Efrog Newydd (sy'n ymestyn o ardal Flatiron i Soho); Cap Digital a Silicon Sentier sy'n hen ardal wehyddu ym Mharis; SILICON Wadi yn Israel a MSC (*Multimedia Super Corridor*) ger Kuala Lumpur ym Malaysia. Un o'r rhai enwocaf yw Dyffryn Silicon yn California a Silicon Roundabout yn ardal Old Street yn Llundain. Ar raddfa lai, mae Hwb Menai yn ganolfan debyg yn ardal Bangor, Caernarfon a Llangefni.

## Dyffryn Silicon, California

Mae Dyffryn Silicon (Ffigur 26) yn ymestyn ar hyd dyffryn Santa Clara rhwng San Francisco a San José yn California. Hyd at yr 1940au, ardal tyfu ffrwythau oedd hon. Erbyn heddiw, mae yma ddinasoedd a threfi sydd wedi'u cysylltu â'i gilydd drwy rwydwaith o ffyrdd cyflym, a'r Caltrain. Dyma'r ffactorau (*achosiaeth*) a arweiniodd at dwf yr economi gwybodaeth yno:

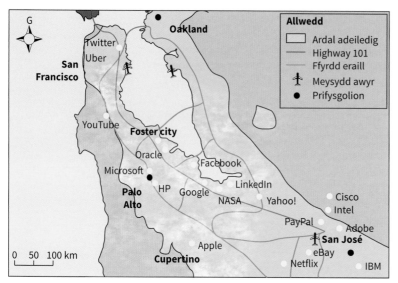

**Ffigur 26** Dyffryn Silicon

1 **Y dechrau:** Un o'r digwyddiadau pwysig cyntaf oedd i gwmni Hewlett-Packard ddechrau datblygu osgiliaduron yn eu garej yn Palo Alto. Cyn hynny, roedd nifer o bobl oedd â diddordeb ym maes radio wedi dechrau creu offer electronig. Roedd y math o fywyd oedd i'w fwynhau yno hefyd yn denu, gyda'r môr a'r mynydd gerllaw heb sôn am y tywydd hyfryd a'r bywyd awyr agored oedd yn apelio i'r ifanc. Hyd at yr 1960au, roedd eiddo yn rhad, gyda pherllannau, glaswelltir a bryniau coediog o amgylch.

2 **Rôl Prifysgol Stanford:** Mae staff a myfyrwyr ymchwil wedi bod yn ffynhonnell wych o syniadau a dyfeisiadau newydd. Arweiniodd hyn, yn ei dro, at ffurfio nifer o gwmnïau a sefydlodd yn yr ardal. Roedd prifysgolion eraill yn California, fel San José State, Berkeley a Caltech, hefyd yn awyddus i gyfrannu at y gwaith ymchwil a datblygu (*ymlyniad, achosiaeth*).

3 **Ysbrydoliaeth unigolion:** Sefydlodd yr Athro Terman, oedd yn Ddeon Peirianneg ym Mharc Diwydiannol Stanford yn ystod yr 1940au, gan ddenu dros 150 o gwmnïau yno. Terman oedd yn gyfrifol am gefnogi *Hewlett-Packard*. Yn 1956, sefydlodd Shockley labordy yn Mountain View er mwyn cynhyrchu transistorau. Yn 1959, penderfynodd gweithwyr Shockley greu cwmni *Fairchild Semiconductors*, datblygiad a arweiniodd at greu'r sglodyn silicon cyntaf. Ar yr un pryd, sefydlodd carfan arall o weithiwr gwmni *Intel* yn Santa Clara. Y cwmni hwn bellach yw prif gynhyrchydd sglodion silicon y byd. Unigolion allweddol eraill oedd Brin a Page (cyn fyfyrwyr yn Stanford) a sefydlodd gwmni *Yahoo* cyn mynd ymlaen i sefydlu cwmni *Google* yn 1998 – cwmni sydd bellach yn cyflogi 13,000 o weithwyr yn Mountain View.

4 **Teulu o gwmnïau:** Cwmni Fairchild oedd man cychwyn cwmnïau caledwedd fel *Apple*, *Cisco Systems*, *Sun Microsystems* a *Silicon Graphics*. Fel rhan o'r broses esblygol hon, ffurfiwyd cwmnïau eraill fel *Google, Yahoo, eBay* a *Netscape*.

5 **Galw milwrol:** Yn ystod yr Ail Ryfel Byd ac yn ystod yr 1950au, ffurfiwyd yr *Ames Research Center* yn Moffat Field, er mwyn datblygu offer milwrol. Derbyniwyd llawer o gytundebau gan y llywodraeth yn ystod y cyfnod hwn, gan arwain at greu canolfan NASA (*cyd-ddibyniaeth*).

6  **Pobl ifanc oedd yn fodlon mentro:** Gwelwyd nifer o bobl ifanc brwd yn fodlon mentro i greu eu cwmnïau technoleg gwybodaeth newydd eu hunain. Roedd angen cyfalaf arnyn nhw i ddatblygu eu syniadau, ac yn ystod yr 1960au aeth nifer o gwmnïau cyfalaf ati i gydweithio gyda Phrifysgol Stanford yn Palo Alto i sicrhau'r cyllid hwnnw. Gwelwyd cynnydd wedyn yn nifer y cwmnïau cyllid oedd yn sefydlu yn y dyffryn ochr yn ochr â'r cwmnïau technoleg (*addasiad, cyd-ddibyniaeth, risg*).

7  **Talent yn gwrthod gadael yr ardal – inertia:** Penderfynodd cwmnïau mawr eraill symud i'r dyffryn gan fod y talentau roedden nhw eu hangen yn gwrthod symud o'r dyffryn, e.e. symud i bencadlys *Microsoft* yn Redmond, Talaith Washington. Yn 1995, penderfynodd *Microsoft* ffurfio BARC (*Bay Area Research Centre*) yn San Francisco, a ehangwyd yn ddiweddar i greu Mountain View (*ymlyniad, hunaniaeth*).

8  **Trafnidiaeth:** Mae rhwydwaith trafnidiaeth dda yn hyrwyddo datblygiad. Mae rhai priffyrdd fel Freeway 101 yn brysur drwy'r amser, ond mae rheilffyrdd Caltrain yn cynnig rhwydwaith o gysylltiadau sy'n caniatáu i gymudwyr deithio i'w gwaith. Yn ogystal â hyn, mae meysydd awyr rhyngwladol fel San Francisco, Oakland a Mineta San José, yn ei gwneud hi'n rhwydd i gysylltu â gweddill y byd. Mae meysydd awyr llai hefyd ar gael, fel maes awyr San Carlos, lle mae prif weithredwr Oracle yn cadw ei awyren breifat o fewn cyrraedd i'w swyddfa (*cyd-ddibyniaeth*).

9  **Gallu'r cwmnïau i ddenu talent o bob rhan o'r byd:** Mae pobl yn cael eu denu i weithio yno o bob rhan o'r byd, e.e. peirianwyr meddalwedd o Asia (tudalen 17). Cafodd 58,000 o swyddi eu creu yn ystod 2014 yn unig. Mae'r teimlad o lwyddiant a ffyniant yn arwain at ddenu mwy o bobl i fyw a gweithio yno, gan greu mwy o gyfleusterau hamdden, bwytai a darpariaeth gymdeithasol yn yr ardal. Daw globaleiddio'n haws hefyd wrth i weithwyr symud yno o bob rhan o'r byd (*globaleiddio*).

10  **Trosfeddiannu** (*takeover*): Dyma sut mae rhai cwmnïau'n tyfu'n fwy, e.e. *Google* yn trosfeddiannu *YouTube* sydd wedi'i leoli yn San Bruno.

11  **Sefydliadau eraill yn symud i Ardal y Bae er mwyn manteisio ar dalent:**
Mae Dyffryn Silicon ac ardal Bae San Francisco yn lleoliad da i chwilio am a chefnogi talent. O ganlyniad i hyn, mae sefydliadau eraill yn symud i Ardal y Bae. Mae *Tesla* (y cwmni sy'n cynhyrchu ceir trydan) wedi sefydlu yn Freemont. Cyhoeddodd *Airbus* yn 2015 eu bod yn sefydlu canolfan ymchwil newydd yno yn hytrach nag yn Ewrop, ar sail yr arbenigedd sydd ar gael yn Nyffryn Silicon. Yn achos y ddau gwmni, roedd y ffaith fod peirianwyr meddalwedd ar gael yn allweddol bwysig. Mae cwmnïau biotechnoleg hefyd wedi dewis y Dyffryn oherwydd y crynodiad o raddedigion. Un o'r cwmnïau cyntaf i sefydlu yma oedd *DOE Joint Genome Institute* a leolwyd yn Walnut Creek. Erbyn hyn, mae cwmnïau cyllid fel *Visa* wedi sefydlu yn Foster City er mwyn elwa ar y dalent sydd i'w chael yn lleol. Mae addysgwyr blaengar hefyd yn cael eu denu yma. Yn 2016, nododd sefydliad addysgol o Ffrainc eu bod yn sefydlu prifysgol yn Fremont i hyfforddi gweithwyr TG (*achosiaeth, adborth, globaleiddio*). Mae Tabl 16 yn crynhoi cost a manteision Dyffryn Silicon fel lle.

**Tabl 16** Costau a manteision clwstwr Dyffryn Silicon

| Costau | Manteision/canlyniadau |
|---|---|
| Effaith mudo ar raddfa eang i Ddyffryn Silicon o rannau eraill o UDA ac o dramor: | Cymdeithas gosmopolitan. Poblogaeth sydd â llawer o dalentau i gyflawni mathau gwahanol o waith sydd wedi'i seilio ar y defnydd o wybodaeth |
| Galw ychwanegol am dai, ysgolion a gwasanaethau ar gyfer teuluoedd ifanc | Cyfleusterau addysg uwch rhagorol sy'n denu ymchwilwyr a myfyrwyr o safon |
| Pris uchel eiddo gan fod y galw yn fwy na'r cyflenwad. Gweithiwyr yn gorfod symud ymhellach i ffwrdd i ardaloedd lle mae'r prisiau'n is | Datblygwyr yn llwyddo i werthu tai'n gyflym a gwneud elw. Landlordiaid yn codi rhenti sydd uwchlaw chwyddiant |
| Gorlwytho'r system drafnidiaeth – nid yn unig yn ystod oriau brig ond drwy'r amser oherwydd patrwm gweithio 24/7 | Cwmnïau'n darparu cludiant ar gyfer eu gweithwyr. Caniatáu patrymau gwaith i fod yn hyblyg |
| Lefelau uwch o lygredd | Nifer o bobl yn prynu car hybrid a cheir trydan (*Tesla*) |
| Problemau cyflenwad dŵr yn arbennig yn ystod cyfnodau sych yn yr haf neu gyfnodau hirach o sychder fel 2013–2015 | Pobl yn ymwybodol o bwysigrwydd gwarchod yr amgylchedd |
| Pobl hŷn sydd wedi bod yn byw yno erioed yn teimlo fod yr amgylchedd a'r ardal yn dioddef o ganlyniad i'r datblygiadau newydd | Manteision clystyru er mwyn rhannu syniadau a symud ymlaen o ran gyrfa |
| Lle ar gyfer codi adeiladau newydd yn prinhau. Adeiladau'n gorfod cael eu codi ar dir sydd wedi'i warchod | Cwmnïau newydd yn cael eu sefydlu y tu hwnt i'r cwmni gwreiddiol. Pobl yn fodlon mentro |
| Anodd denu gweithwyr ar gyfer y gwasanaethau cyhoeddus fel athrawon oherwydd pris uchel tai | Nifer o swyddi da ar gyfer merched |
| Tagfeydd traffig (*congestion*) | Y potensial i 'ddwyn' staff o safon gan gystadleuwyr eraill. Arbenigedd yn cael ei ledaenu |

## *Silicon Roundabout*, Shoreditch, Llundain

Rhwng 2010 a 2016, gwelwyd y cynnydd mwyaf yn nifer y cwmnïau technegol yng nghanol Llundain (cynnydd o 92% yn nifer y cwmnïau digidol rhwng 2010-2013). Bellach, mae dros 252,000 yn gweithio yn y maes digidol. Yn 2010, cafodd y crynodiad hwn o gwmnïau technegol ei alw gan David Cameron yn *Tech City*. Enw arall ar y clwstwr hwn yw *Silicon Roundabout* sydd wedi'i leoli o fewn dinas sy'n gweithredu'n fyd-eang. Mae'r clwstwr wedi'i leoli ar ymylon canol Dinas Llundain sy'n ymestyn draw i'r West End, a'i ganoli ar gylchfan Old Street gan estyn draw i Hoxton a Haggerston, Dinas Llundain, Farringdon a Bethnal Green. Mae'r cwmnïau sydd wedi sefydlu yma'n cynnwys cwmnïau TGCh a chwmnïau sy'n creu cynnwys digidol (Ffigur 27). Er yn glwstwr bach o'i gymharu â sectorau eraill mewn rhannau eraill o Lundain, dyma'r ardal sydd â'r nifer mwyaf o gwmnïau newydd yn cael eu creu, yn arbennig felly yn y gwasanaethau celfyddydol a diwyliannol (*cyd-ddibyniaeth*).

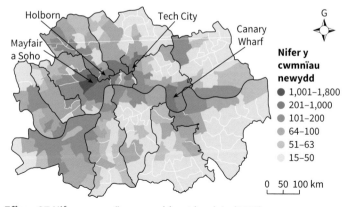

**Ffigur 27** Nifer y cwmnïau newydd yn Llundain (2013)

Dyma'r ffactorau (*achosiaeth*) sydd wedi arwain at dwf *Tech City*:

1 Cynnig cyfleusterau a mwynderau fydd yn denu gweithwyr newydd ifanc, e.e. diwylliant caffi (*ymlyniad, hunaniaeth, ystyr*)

2 Lleoliad ar gyfer cwmnïau tebyg sy'n gallu cefnogi a chyfoethogi'i gilydd. Lleoliadau sy'n cynnig cyfle i'r rhai sydd am fentro dechrau busnes, e.e. hen stordai o gyfnod Victoria sy'n cynnig lle i bobl ddatblygu syniadau (*addasiad* a *chyd-ddibyniaeth*)

3 Hyrwyddo a chreu brand, fel bod y rhai sydd am fentro a'r cwmnïau benthyg arian yn ymwybodol o'r ardal a'r gwaith sy'n digwydd yno (*achosiaeth*)

4 Mae'r rhent yn is na'r rhent yng Nghanol Busnes y Dref (CBD) (*achosiaeth*)

5 Agosrwydd canol Llundain a'r Ddinas, lle mae'r 'farchnad' ar gyfer gwerthu syniadau newydd a'r ffynhonnell gyllid (*cyd-ddibyniaeth*)

6 Cysylltedd â gweddill Llundain a'r DU

7 Cyflymder band eang mewn cymhariaeth â gweddill canol Llundain.

Un o sgil effeithiau poblogrwydd Shoreditch yw bod cost rhentu tŷ yno wedi dyblu rhwng 2011–2013. O ganlyniad, mae'n bosib y bydd ambell un sydd am fentro yn dewis chwilio am leoliad rhatach er mwyn dechrau eu busnes.

Gall cysylltiadau trafnidiaeth effeithio ar leoliad clystyrau newydd, e.e. King's Cross lle mae *Google, Grŵp Macmillan* ynghyd ag ysgol gelf *Central St. Martin's School of Art* wedi'u lleoli. Hen storfa reilffordd oedd yma, ond mae bellach yn denu cwmnïau technoleg newydd i'r ardal (tud. 85).

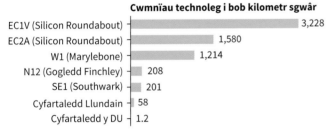

**Ffigur 28** Prif ardaloedd ar gyfer sefydlu cwmnïau newydd yn Llundain (2008–2011)

Mae Ffigur 28 yn dangos ardaloedd lle mae clystyrau'n ffurfio. Mewn ardaloedd sy'n ganolbwynt rhyw weithgaredd neu'i gilydd y mae'r rhain fel arfer. Gwelir clystyru amlwg ym meysydd cyllid, diwylliant a'r celfyddydau, ond mae gwasanaethau proffesiynol a TGCh yn fwy gwasgaredig. Mae Ffigur 28 yn dangos sawl cwmni technegol sydd o fewn km² mewn ardaloedd gwahanol o Lundain yn 2015.

## Addysg a'i heffaith ar ddinasoedd

Os ydych chi'n byw mewn tref brifysgol rydych chi'n ymwybodol o effaith presenoldeb nifer fawr o fyfyrwyr ar y ddinas neu'r dref honno (gan gynnwys gweithwyr sy'n cael eu cyflogi gan y brifysgol). Mae effaith amlwg ar brisiau tai ac ar y gwasanaethau sy'n cael eu cynnig yn y lleoliad.

Yn 2010/11 roedd 75,115 o fyfyrwyr llawn amser mewn tair prifysgol yn ninas Birmingham. Roedd 50,000 mewn tair prifysgol ym Manceinion a 35,265 o fyfyrwyr mewn prifysgol a cholegau addysg bellach yn Coventry. Mae nifer o'r myfyrwyr hyn yn byw mewn neuaddau preswyl ond mae llawer ohonyn nhw'n aros mewn tai rhent preifat hefyd. Mae presenoldeb myfyrwyr wedi effeithio ar ardaloedd canolog dinasoedd drwy wella eu golwg, e.e. drwy godi neuaddau preswyl mewn ardaloedd oedd wedi dirywio o ran ansawdd yr adeiladau a'r gymdogaeth (tud. 52).

# Effeithiau sefydlu clwstwr o ddiwydiannau cwaternaidd ar bobl a lle

Mae sefydlu parc busnes neu barc gwyddoniaeth yn beth cyffredin mewn trefi a dinasoedd. Sefydlwyd y parc gwyddoniaeth cyntaf yng Nghaergrawnt yn 1973. Bellach, mae un deg tri o barciau tebyg o fewn 10 milltir i ganol y ddinas. Cafodd swyddi ym myd gwybodaeth eu denu i'r ddinas – swyddi *KIBS (Knowledge Intensive Business Services)* – yn sgil nifer y gweithwyr medrus oedd yn dod o'r brifysgol, yn ogystal â'r ffaith fod canol hanesyddol y dref mor apelgar. Arweiniodd hyn at gynnydd mewn costau byw yng Nghaergrawnt. Hyd yn oed o fewn y ddinas, mae gofod newydd wedi'i glustnodi ar gyfer diwydiannau gwybodaeth o amgylch yr orsaf reilffordd. Bellach, mae *Microsoft a Cambridge Assessment* (bwrdd arholi sy'n gweithredu ar draws y byd) wedi sefydlu yno. Ond doedd rhai cynlluniau mewn ardaloedd eraill o'r wlad ddim mor llwyddiannus, e.e. Newcastle-upon-Tyne (a geisiodd ddenu cwmnïau drwy ei statws fel Ardal Fenter (gweler tud. 43-44) lle mae nifer o safleoedd gwag o hyd.

Mae effaith y diwydiannau cwaternaidd ar bobl, lleoliadau a lleoedd yn cael ei grynhoi yn Ffigurau 29 a 30. Disgrifir y rhai sydd heb sgiliau cyfrifiadurol neu sydd â chysylltiad gwael neu araf â'r band eang fel rhai sy'n cael eu **cau allan yn ddigidol**. Mae ardaloedd gwledig (e.e. Ceredigion ac Ynys Môn) yn fwy tebygol o gael eu heffeithio gan yr allgau hwn oherwydd y cyswllt araf band eang o'i gymharu ag ardaloedd mwy trefol. Yn Sir Benfro, mae cymaint â 22.8% o oedolion heb fod ar-lein. Mae sawl rheswm posib am hyn gan gynnwys pobl hŷn, yr ifanc yn gadael i fynd i'r coleg, diffyg hyfforddiant a phrinder swyddi yn y sir.

## Prawf gwybodaeth 11

O'r wybodaeth sy'n cael ei dangos yn Ffigur 30, disgrifiwch a rhowch resymau dros yr amrywiaeth mewn twf cwmnïau digidol mewn gwahanol leoliadau. Rhowch resymau dros ddefnyddio dulliau eraill i arddangos y data.

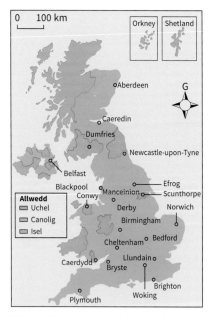

**Ffigur 29** Tebygolrwydd o brinder gwasanaethau digidol da (allgau digidol)

| | |
|---|---|
| Bournemouth | 212% |
| Lerpwl | 119% |
| Canol Llundain | 92% |
| Brighton a Hove | 91% |
| De Cymru | 87% |
| Belfast | 73% |
| Manceinion Fawr | 70% |
| Bryste a Chaerfaddon | 65% |
| Hull | 57% |
| Birmingham | 51% |
| Caergrawnt | 46% |
| Caeredin | 33% |
| Rhydychen | 24% |
| Gogledd Ddwyrain Lloegr | 24% |
| Norwich | 21% |
| Sheffield | 17% |
| *Cyfartaledd y DU 53%* | |

**Ffigur 30** Twf cwmnïau digidol 2010–2013

Mae ardaloedd trefol yn llai tebygol o gael eu heffeithio gan allgau digidol (e.e. Caerdydd, Abertawe, Casnewydd). Ond mae rhai ardaloedd trefol, fel Rhondda Cynon Taf neu'r ardal o amgylch Scunthorpe, lle mae mynediad i'r band eang, lefelau isel o gyrhaeddiad a thlodi, yn gallu arwain at allgau (*anghydraddoldeb*).

Yn Ne Cymru, yn arbennig felly yng Nghaerdydd, gwelwyd cynnydd yn nifer y bobl sy'n cael eu cyflogi yn y sector technoleg (28,000 yn 2015). Mae bod yn agos at Lywodraeth Cymru ym Mae Caerdydd ynghyd â chefnogaeth gan Busnes Cymru – Cronfa Ddatblygu Digidol – wedi helpu. Mae costau staff a chostau swyddfa yn is yma nag mewn rhannau eraill o'r DU. Sefydlwyd Canolfan Arloesi Menter Cymru (ICE) yng Nghaerffili (un o'r trefi mwyaf difrientiedig yng Nghymru) yn rhannol oherwydd y rhesymau yma (*lliniariad*).

## Crynodeb

- Mae gweithgareddau cwaternaidd yn cynyddu yn eu pwysigrwydd mewn ardaloedd trefol a gwledig.
- Gall ffactorau sy'n arwain at leoli gweithgaredd cwaternaidd fod yn debyg iawn i rai ffactorau sy'n bwysig i leoliad gweithgareddau eilaidd, yn cynnwys clystyru, ond mae ffactorau hefyd sydd yn gysylltiedig â phwysigrwydd technoleg newydd a mentergarwch yn yr unfed ganrif ar hugain.
- Mae sefydliadau ymchwil ac addysgol yn gyfrifol am ddenu cwmnïau digidol a chwmnïau biotechnoleg.

- Gall gweithgareddau cwaternaidd sy'n seiliedig ar ddefnyddio gwybodaeth ddigwydd o fewn cwmnïau mawr rhyngwladol, yn ogystal â chwmnïau bach annibynnol neu unigolion sydd wedi gadael y cwmnïau mawr rhyngwladol ac wedi dechrau eu busnes eu hunain.
- Mae rhai pobl yn cael eu cau allan o'r gweithgareddau newydd ac felly'n methu manteisio ar y dechnoleg newydd sydd ar gael.

# ■ Newidiadau yng nghefn gwlad

## Y dirywiad mewn cyflogaeth gynradd mewn ardaloedd gwledig

Fe fydd angen i chi wahaniaethu rhwng **gwledigrwydd** sef y graddau mae ardal yn dibynnu ar amaethyddiaeth, bwyd, coedwigaeth, ac **ymylrwydd**, sef y pellter mewn amser neu ofod o'r cyfleoedd sydd mewn ardaloedd trefol. Dim ond tua 20% o gyflogaeth mewn ardaloedd gwledig yn Lloegr sy'n ddibynnol ar amaethyddiaeth a physgota (7%) a thwristiaeth (12%).

Ers 2004, mae ardaloedd gwledig wedi eu diffinio fel ardaloedd lle nad oes unrhyw un anheddiad gyda phoblogaeth mwy na 10,000 o bobl. Caiff ardaloedd gwledig eu dosbarthu fel rhai gwasgaredig (dwysedd isel o anheddau) a llai gwasgaredig (dwysedd uwch o anheddau, gweler Ffigur 31). Dydy'r ardaloedd hynny sy'n cael eu dosbarthu fel rhai gwasgaredig ddim o reidrwydd yn rhai y byddai'r daearyddwr yn ei ystyried fel ardaloedd gwledig anghysbell, er bod rhai ohonyn nhw'n anghysbell.

Mae dosbarthiad gwahanol (Ffigur 32) yn cydnabod bod dylanwad trefol a mynediad trefol yn ymestyn i ardaloedd eang o amgylch dinasoedd naill ai fel 'maestrefi' neu 'cefnwlad'. Mae'r rhain i gyd yn ymestyn ymhell i mewn i gefn gwlad. Ychydig iawn o dir gwledig sydd ar ôl.

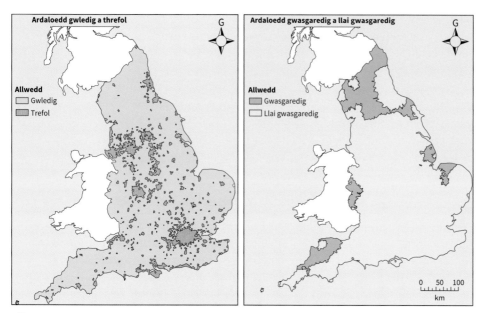

**Ffigur 31** Dosbarthiad ardaloedd gwledig a threfol yn Lloegr

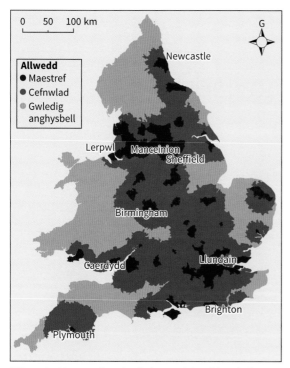

**Ffigur 32** Maestrefi, cefnwlad ac ardaloedd gwledig mwy anghysbell (2015)

Mae Ffigur 33 yn dangos faint mae cyflogaeth mewn ardaloedd gwledig wedi newid rhwng 2008 a 2012 (*gwahaniaeth*). Yn 2011, dim ond 1% o'r boblogaeth wledig oedd yn gweithio mewn cyflogaeth gynradd.

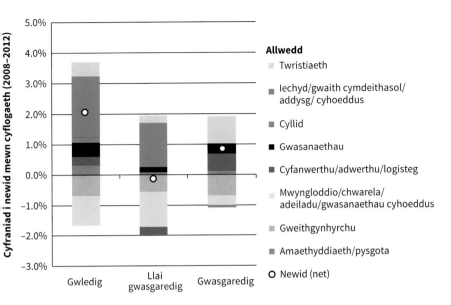

**Ffigur 33** Newid cyflogaeth mewn ardaloedd gwledig yn Lloegr (2008–2012)

Mae ardaloedd gwledig (sy'n cynnwys 7.4% o arwynebedd tir Lloegr a Chymru) yn cael eu dosbarthu ymhellach fel:

**a** ardaloedd adeiledig 'bychan' gyda phoblogaeth sy'n llai na 10,000

**b** tref a chyrion y dref

**c** pentref

**ch** pentrefan ac anheddau ar eu pen eu hunain.

Hefyd, caiff pob categori (b, c a ch) eu rhannu ymhellach drwy ychwanegu ardaloedd 'gwasgaredig' a nodweddir gan ddwysedd poblogaeth isel (Tabl 17). Yn 2011, roedd 18.5% o boblogaeth Lloegr a Chymru yn byw mewn ardaloedd gwledig a 33% yn byw o fewn ardaloedd cefnwlad gwledig. Dyma'r ardaloedd sy'n amgylchynu'r dref neu'r ddinas a lle mae pobl yn cymudo i'w gwaith. Mae dros 20% o'r bobl hyn yn gweithio mewn tref neu ddinas. Yng Nghymru, mae 32.8% yn byw mewn ardaloedd gwledig.

**Tabl 17** Y canran o breswylwyr sydd rhwng 16 a 74 oed sy'n byw mewn aneddiadau gwledig (yn ôl Cyfrifiad 2011)

| Math o ardal wledig | Poblogaeth 2011 (miliwn) | % poblogaeth Lloegr a Chymru | % twf 2001–2011 |
|---|---|---|---|
| Tref a chyrion y dref | 4.8 | 8.6 | 6.1 |
| Tref a chyrion y dref mewn ardaloedd gwasgaredig | 0.3 | 0.5 | 4.3 |
| Pentref | 3.2 | 5.8 | 5.3 |
| Pentref mewn ardaloedd gwasgaredig | 0.3 | 0.5 | 3.7 |
| Pentrefan ac anheddau ar eu pen eu hunain | 1.7 | 3.5 | 5.3 |
| Pentrefan mewn lleoliad gwasgaredig | 0.25 | 0.4 | 2.8 |

---

**Cyngor i'r arholiad**

Mae daearyddwyr yn defnyddio'r term cyrion gwledig-trefol ond mae nifer o ddiffiniadau eraill ar gael gan y llywodraeth. Bydd angen i chi fod yn ymwybodol o'r amrywiadau hyn. Mae'r diffiniadau hyn yn gallu bod yn bwysig wrth wneud penderfyniadau am ardal benodol.

**Profi gwybodaeth 12**

Disgrifiwch y newidiadau sy'n digwydd mewn ardaloedd gwledig. A oes unrhyw ffactorau sy'n gyffredin? Nodwch y sectorau sy'n tyfu a'r sectorau sy'n lleihau yn Ffigur 33.

**Profi gwybodaeth 13**

Disgrifiwch ac eglurwch y gwahaniaethau mewn swyddi rhwng ardaloedd trefol a gwledig.

## Y ddelfryd wledig

Mae ardaloedd gwledig ym marn llawer o bobl yn fannau delfrydol i fyw ynddyn nhw. Mae pobl yn tueddu i ganolbwyntio ar dirluniau naturiol maen nhw'n dymuno eu gwarchod. Cefn gwlad sy'n gyfrifol am gynhyrchu bwyd ar gyfer yr archfarchnadoedd mawr a'r adwerthwyr lleol, bychain, organig. Mae 'sglein' i fywyd gwledig sy'n tueddu i guddio grwpiau gaiff eu cau allan yn gymdeithasol, fel teithwyr. Mae Ffigur 34 yn dangos beth yw canfyddiad pobl o gefn gwlad (*hunaniaeth*).

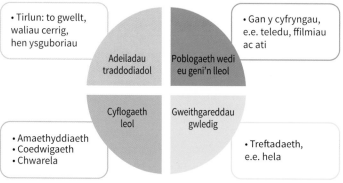

Ffigur 34 Canfyddiad pobl o gefn gwlad

### Tasg hunan-astudio

Edrychwch ar Ffigur 35 sy'n dangos pentref Claverley yn Swydd Amwythig. I ba raddau mae'r olygfa a welir yn y llun yn cadarnhau canfyddiad pobl o'r ddelfryd wledig. Pa fath o bobl sy'n byw yno? Beth yw'r sialensiau, y risgiau a'r materion llosg allai wynebu'r boblogaeth?

Ffigur 35 Claverley, Swydd Amwythig

## Pam fod nifer y gweithlu cynradd wedi lleihau?

1 **Datblygiadau technolegol yn cymryd lle pobl:** Roedd Thomas Hardy yn byw yn swydd Wessex yn ystod y bedwaredd ganrif ar bymtheg ac yn ystod y cyfnod hwnnw fe welwyd lleihad yn nifer y gweithwyr oedd yn gweithio ar y tir. Y rheswm am hyn oedd cyflwyno peiriannau medi a rhwymo. Yn ystod yr ugeinfed ganrif, cymerwyd lle gweithwyr amaethyddol gan y dyrnwyr medi ynghyd â pheiriannau oedd yn casglu llysiau a ffrwythau. Bu cynnydd hefyd yn nifer y ffermydd sy'n tyfu cnydau (fel tomatos) o dan amodau sy'n cael eu rheoli gan ddyn (fel defnyddio nwy $CO_2$ o ddiwydiant cemegol ICI Teeside i dyfu cnydau) (addasu, achosiaeth, lliniariad).

2 **Ffermydd mwy o faint:** mae ffermydd bychain wedi cael eu prynu gan ffermydd mwy gan greu ffermydd mwy o faint. Mae archfarchnadoedd am dalu pris is am y cynnyrch ac felly mae ffermydd wedi gorfod ehangu er mwyn bod yn gystadleuol, e.e. diwydiant cynhyrchu llaeth (graddfa).

3 **Cynnydd mewn ffermio dwys:** Mae ffermio dwys neu ffermio gan ddefnyddio dulliau cynhyrchu ffatri yn ddull newydd o fagu stoc, cynhyrchu wyau a thyfu llysiau ar gyfer yr archfarchnadoedd (addasu).

4 **Tyfu cnydau drwy'r flwyddyn:** mae galw am gyflenwad o rai cnydau o fewn a thu allan i'w tymor wedi cynyddu'r cyflenwad gan gyflenwyr tramor sy'n rhatach fel arfer, e.e. ffa dringo o Kenya a thomatos o Sbaen (addasu).

**Cyngor i'r arholiad**

Mae gweithgaredd economaidd cynradd yn cynnwys coedwigaeth, pysgota, a chwarela. Gwnewch yn siŵr eich bod yn barod gydag enghreifftiau yn ogystal â rhesymau dros leihad yn y swyddi yn y diwydiannau hyn.

## Arallgyfeirio mewn ardaloedd cefn gwlad drwy ailddelweddu ac adfywio lleoedd gwledig

Mae'r cyfryngau yn aml yn creu delwedd o edrych yn ôl yn hiraethus ar fywyd yn y wlad. Mae'r ffilm a'r ddrama War Horse a rhaglenni teledu fel Emmerdale, Downtown Abbey, The Vicar of Dibley, Doc Martin, Hidden Villages ac Escape to the Country i gyd yn atgyfnerthu canfyddiad pobl o ardal wledig (hunaniaeth). Defnyddir tai mawr gwledig i hyrwyddo gwerthiant ceir ac fel lleoliad ar gyfer cynnal digwyddiad hyrwyddo ac arddangos, e.e. mae'r Festival of Speed a'r Revival Festival yn denu 200,000 o ymwelwyr dros bedwar diwrnod a 148,000 dros dri diwrnod i stad Goodwood bob blwyddyn. Mae hen safleoedd oedd yn gysylltiedig â gweithgareddau gwledig hefyd yn cael eu defnyddio ar gyfer adloniant:

- Amgueddfa a Chanolfan Dreftadaeth Amberley: canolfan dreftadaeth ddiwydiannol, mewn hen chwarel sialc (addasu).

- Amgueddfa Werin Cymru, Sain Ffagan: wedi'i sefydlu ar dir castell a roddwyd i'r pwrpas o sefydlu amgueddfa werin genedlaethol i Gymru (hunaniaeth).

- Fferm a Thloty Gressenhall: mae'r hen dloty hwn yn Norfolk a grëwyd ar gyfer 'creu gwaith i'r tlodion' bellach wedi'i drawsnewid yn y rhan wledig hon o'r sir (addasu, gwahaniaeth).

- Combe Martin: mae'r pentref yn defnyddio arferion sy'n gysylltiedig â'i fytholeg hanesyddol i ddenu ymwelwyr, e.e. digwyddiad penwythnos 'Hunting the Earl of Rune'. Mae'r digwyddiad yn mynd yn ôl canrifoedd, ond mae grwpiau a busnesau lleol nawr yn ei ddefnyddio er budd yr economi lleol a dod ag incwm i'r pentref (addasu, ymlyniad, gwydnwch).

- Mae gweithgareddau cynradd yn cyflogi 40,000 o bobl neu 2.8% o'r gweithlu yng Nghymru.

# Rheoli newid gwledig

Ers yr 1980au, mae'r boblogaeth wledig wedi cynyddu o ganlyniad i **wrthdrefoli**. Hwn ydy swyddi a phobl yn symud allan o ddinasoedd neu drefi mawr i drefi llai ac ardaloedd gwledig. Dechreuodd y symudiad hwn gydag adleoli gweithgynhyrchu i'r Trefi Newydd oedd y tu allan i'r prif drefi. Mae swyddi yn y sectorau trydyddol a chwaternaidd bellach yn bwysicach yn yr ardaloedd hyn.

Mae pobl hefyd yn mudo er mwyn manteisio ar fyw yn y wlad. Yn eu barn nhw roedd byw yn y wlad yn cynnig bywyd gwell ond yn un oedd hefyd yn cynnig manteision byw mewn tref. Roedd mynediad i gludiant cyhoeddus yn un o'r rhain. Fodd bynnag, y bobl sydd dros 55 oed sydd fwyaf amlwg mewn ardaloedd gwledig ac mae'r ifanc yn dal i fudo i'r dinasoedd i astudio a/neu weithio. Mae 25% o'r 630,000 o bobl sy'n byw yn ardaloedd gwledig Cymru dros 65 oed.

## *Prosiect ailddelweddu Corwen*

Mae Corwen yn Sir Ddinbych (poblogaeth 2,325), yn enghraifft o dref sydd wedi mabwysiadu cyfres o gynlluniau i greu delwedd newydd o'r dref drwy gyfrwng y celfyddydau (*addasu* a *lliniaru*). Y bwriad oedd creu delwedd fwy positif o'r dref. Cynllun allweddol i adnewyddu'r dref oedd estyn Rheilffordd Treftadaeth Llangollen (*treftadaeth*) o bentref Carrog i Gorwen ei hun. Agorwyd rhan gyntaf y cynllun hwn yn 2014, er mwyn dod â mwy o dwristiaid i'r dref (*adloniant*). Gyda chyllid gan Gyngor Celfyddydau Cymru dan gynllun Syniadau: Pobl: Lleoedd (*asiantaeth allanol*) mae cae oedd ddim yn cael ei ddefnyddio bellach i'w drawsnewid yn ardd gymunedol (*grwpiau lleol*). Mae cyllid hefyd ar gael ar gyfer artist preswyl ac i ddenu nifer o artistiaid i weithio law yn llaw gyda'r gymuned (*rheoli digwyddiadau*). Mae Corwen yn rhan o'r cynllun 'Llunio Fy Nhref', gyda Chomisiwn Dylunio Cymru (*asiantaeth allanol*) yn darparu arweiniad 'ar sut i ymchwilio i ansawdd lle, tref, pentref neu gymdogaeth ac adnabod yr hyn sy'n gwneud lle yn unigryw ac i gynllunio ar gyfer y dyfodol drwy fuddsoddi amser ac arian yn ei wella'.

### *Llunio Fy Nhref*

Datblygodd Comisiwn Dylunio Cymru a phenseiri annibynnol a phenseiri mewn prifysgolion, gynllun fyddai'n annog cysylltiad pobl â datblygiad y lle ble maen nhw'n byw. Mae Rhuthun yn un dref sydd wedi cymryd rhan; gyda phoblogaeth o 5,461, mae Rhuthun wedi llwyddo i gynnal ei chymeriad fel canolfan wledig.

## *Menter ailddelweddu leol: Cartmel*

Mae Cartmel (Ffigur 36) yn bentref o ryw 1,500 o bobl tu allan i Barc Cenedlaethol Bro'r Llynnoedd. Mae'r pentref wedi ailddarganfod ei hun fel lle ag iddo ei hunaniaeth unigryw ei hun. Yng nghalon y pentref mae Eglwys y Priordy sy'n eglwys o'r ddeuddegfed ganrif. Mae'r adeiladau o amgylch sgwâr y pentref yn dyddio o'r unfed ganrif ar bymtheg hyd at y ddeunawfed ganrif. Mae cwrs rasio ceffylau traddodiadol ychydig tu allan i'r pentref. Yn ôl gwefan y pentref 'Dydy Cartmel ddim yn gaeth i'r gorffennol. Mae'r pentref yn cynnig sawl syrpréis i ymwelwyr heddiw gydag atyniadau, siopau, llefydd bwyta a llefydd i aros o safon.' Gellir olrhain ailddelweddu Cartmel yn ôl i 1993 (*amser, risg*), pan gymerodd perchnogion newydd siop y pentref y cam o gau swyddfa'r post a symud i farchnata cofroddion, gan gynnwys pwdin taffi gludiog Cartmel. Roedd ganddyn nhw'r rhagwelediad i roi patent i'r enw, sy'n darparu incwm pellach ac wedi helpu i wella siop y pentref.

**Cyngor i'r arholiad**

Mae pob un o'r termau a ddangosir mewn italig yn cyfeirio at elfennau o arallgyfeirio o fewn lle penodol. Dylech fod yn medru dyfynnu pob un ohonyn nhw mewn perthynas â'ch lle chi.

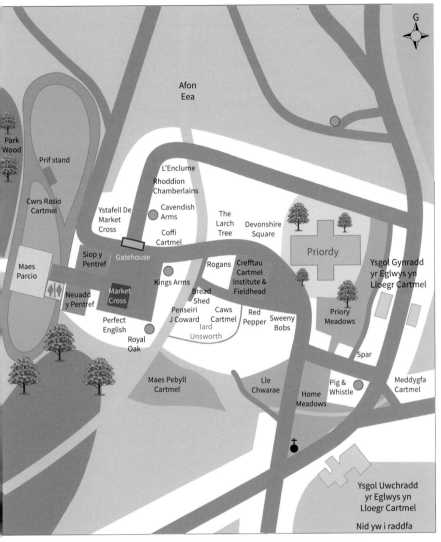

**Ffigur 36** Cartmel

### Tasg hunan-astudio

Edrychwch ar ardal/le gwledig sy'n agos atoch chi i weld os yw cyflogaeth yn yr ardal hon yn edrych yn debyg i'r hyn ddangosir yn Ffigur 36.

Yn 2002 (*amser*), agorwyd *L'Enclume* yn yr hen efail gan Simon Rogan. Roedd wedi'i hyfforddi fel cogydd mewn nifer o westai yn Hampshire. Yn fuan, enillodd y bwyty ddwy seren Michelin a chystal yw ei enw da fel ei fod bellach wedi agor bistro a thafarn yn y pentref. Mae darparwyr bwyd eraill wedi lleoli yn y pentref er mwyn manteisio ar y clwstwr gastronomig cynyddol, fel siop gaws a siop win o safon (*trothwy*). Arweiniodd cyhoeddusrwydd anuniongyrchol gan Chris Evans ar Radio 2 hefyd at fwy o bobl yn dod i wybod am Cartmel, gan ddenu mwy o ymwelwyr yno (*cyfryngau*). Mae'r cwrs rasio hyd yn oed yn lleoliad ar gyfer cyngherddau yn ystod misoedd yr haf. Yn 2014, fe grëwyd Menter Treflan Cartmel (yn ddifyr iawn roedd y geiriau tref a phentref yn cael eu defnyddio yn y cyhoeddusrwydd): www.cartmelvillage.com

## Tasg hunan-astudio

Ewch i wefan Cartmel. Ystyriwch sut mae pentref Cartmel yn arddangos y cysyniadau canlynol:

- *Cynrychioliad:* sut mae Cartmel wedi cael ac yn cael ei bortreadu gan asiantaethau swyddogol (y cyngor lleol neu'r bwrdd twristiaeth) ynghyd â'r bobl leol. Beth mae'r grwpiau hyn yn ei weld ac yn ei brofi fel pobl leol neu fel rheolwyr.
- *Hunaniaeth:* sut mae safbwynt a phrofiad unigolion gwahanol yn ymateb i'r newid sy'n cymryd lle yn Cartmel?
- *Addasu:* sut mae'r pentref wedi ymateb i'r newidiadau mewn ffordd gadarnhaol.
- *Ymlyniad:* y cysylltiadau rhwng unigolion a grwpiau â phentref Cartmel.
- *Gwahaniaeth:* sut mae Cartmel yn wahanol i bentrefi eraill rydych chi wedi'u hastudio.
- *Globaleiddio:* sut mae globaleiddio wedi effeithio ar bobl, rhanbarthau, aneddiadau a chymdogaeth. O ble mae'r ymwelwyr yn dod? Mae pobl y byd yn dod yn nes at ei gilydd o ganlyniad i'r cynnydd mewn integreiddio a chyd-ddibyniaeth yr economi byd-eang.
- *Cynaliadwyedd:* cynllunio lleol sy'n cwrdd ag anghenion y pentref yn y presennol heb beryglu gallu cymunedau'r dyfodol i gwrdd â'u hanghenion nhw.
- *Gwydnwch:* gallu poblogaeth a'r adeiladau hanesyddol i addasu i newidiadau sy'n gallu bod ag effeithiau negyddol.

## Gwaith maes

Ewch ati i gymharu a gwrthgyferbynnu dau anheddiad gwledig – eu gwasanaethau, maint a chyfansoddiad y boblogaeth, cyflogaeth, cartrefi ac ysbryd cymunedol. Y thema yw yw sut mae lle penodol yn newid dros gyfnod o amser.

Gallwch ddangos amrediad o sgiliau meintiol ac ansoddol, yn dibynnu ar ffocws yr astudiaeth, gan gynnwys mesuriadau rhifiadol (sgiliau cartograffig a graffigol) a thechnegau anrhifiadol (cyfweliadau, lluniau, mapiau meddwl a thestunau).

# Canlyniadau ailfrandio ar ganfyddiadau, gweithredoedd ac ymddygiad pobl

Gall ailfrandio effeithio tipyn ar bobl. Mae rhai'n glynu wrth atgofion o 'oes aur' yn y gorffennol. Proses sy'n cael ei galw'n **cynefino** neu *NIMBYism* *(Not In My Back Yard)*. Pobl yw'r rhain sydd ddim am weld unrhyw newid (yn enwedig y rhai sydd wedi symud o ardal drefol ac sydd am gynnal y ddelwedd wledig ddelfrydol). Yn aml iawn, gall ailfrandio pentref arwain at ailddarganfod delweddau o'r gorffennol hefyd.

Mae ailfrandio hefyd yn gallu sbarduno pobl i weithio'n wirfoddol ar ran y gymuned gan greu ysbryd cymunedol. Gall hyn hefyd arwain at ddibynnu llai ar wasanaethau llywodraeth leol.

## Ailfrandio Blaenau Ffestiniog

Diwydiant cynradd oedd sylfaen tref Blaenau Ffestiniog (chwareli llechi). Yn 1881 y gwelwyd y boblogaeth ar ei uchaf, gyda 11,274 yn byw yn y dref. Ond arweinodd y dirywiad yn y diwydiant chwarela at ostyngiad yn y boblogaeth i 4,900 yn 2011. Ar ddiwedd yr ugeinfed ganrif, roedd pobl y dref wedi ceisio dechrau ailfrandio'r dref fel canolfan dwristaidd (Rheilffordd Ffestiniog, Ceudyllau Llechi Llechwedd). Ond roedden nhw'n dymuno gweld cynnydd pellach trwy fanteisio ar dwf twristiaeth ym maes antur. Mae'r dref wedi adfywio o ganlyniad i bartneriaeth breifat a chyhoeddus.

- Sefydlwyd 'Blaenau Ymlaen' yn 2006 fel partneriaeth leol rhwng y gymuned a'r ymchwilwyr oedd yn gyfrifol am ddatblygu'r prosiect. Roedd hi'n anodd sicrhau cyllid gan fod creithiau'r diwydiant llechi mor amlwg ar y tirlun (*ailfrandio*).
- Gwelwyd cydweithio rhwng Cyngor Sir Gwynedd, Llywodraeth Cymru a'r Undeb Ewropeaidd i wella golwg ardaloedd cyhoeddus fel canol y dref (*ariannu allanol*).
- Cafodd y dref hwb o dderbyn gwobrau gan Sefydliad Brenhinol Cynllunio Trefol, a Sefydliad Peirianwyr Sifil Cymru, ac ar ôl ennill gwobr Trefi Byw Amgylchedd a Diwylliant yn 2013 (*gweithredoedd pobl*).
- Menter gymunedol a ffurfiwyd yn lleol yn 2017 oedd Antur Stiniog a aeth ati i greu cyfres o lwybrau beicio mynydd yn yr ardal. Bellach, mae'r Antur yn cyflogi 19 o bobl sy'n gyfrifol am gynnal a chadw'r llwybrau yn ogystal â bod yn gyfrifol am siop yn gwerthu dillad ac offer awyr agored yng nghanol y dref. Mae'r Antur hefyd yn cynnal cystadleuaeth redeg yn y mynyddoedd yn ogystal â gweithgareddau cerdded, caiacio, anturiaethau i'r ogofâu, llwybrau natur a hanes (*busnesau newidiol, twristiaeth*).
- Mae Antur Stiniog yn awyddus i ail agor yr hen reilffordd rhwng Blaenau Ffestiniog a Thrawsfynydd. Mae'r prosiect *velorail*, a agorwyd yn 2015 ac a gynlluniwyd gan Antur Stiniog, yn unigryw ac arloesol gan nad oes unrhyw beth arall tebyg yn y DU (*adloniant*).
- Agorwyd *Zip World Titan* yn yr hen chwareli. Dyma un o'r datblygiadau mwyaf o'i fath yn Ewrop (*adloniant, twristiaeth*).
- Adeiladwyd *Bounce Below* (trampolins a sleidiau anferth) mewn ceudwll llechi lle roedd y chwarelwyr yn arfer gweithio (*adloniant, twristiaeth*).
- Mae prosiect Y Dref Werdd wedi ymrwymo i gynaliadwyedd drwy weithio i leihau problemau cymdeithasol ymhlith y boblogaeth. Mae pwyslais ar wella iechyd y boblogaeth a chreu cymuned sy'n cydweithio â'i gilydd (*ymddygiad pobl*) i warchod yr amgylchedd a chyfrannu at ddatblygiad cymunedol. Mae'r prosiect wedi sefydlu darnau o dir y gall pobl eu defnyddio i arddio yn ogystal â chreu egni clyfar i'r pentref (*cymuned leol*).

**Profi gwybodaeth 14**

Yn 2014, daeth 250,000 o ymwelwyr i Flaenau Ffestiniog. Ond mae'r genhedlaeth hŷn yn amheus am y llwyddiant hwn – pam?

**Cyngor i'r arholiad**

Peidiwch ag anghofio fod coedwigaeth yn cyflogi 40,000 o bobl yn y DU. Ydych chi'n gallu disgrifio sut mae coedwigaeth wedi newid coedwig benodol yn eich ymyl chi?

## Cystadleuaeth y Stryd Fawr

Mae cystadleuaeth y Stryd Fawr yn y DU (tudalen 84) hefyd wedi gwobrwyo pentrefi am eu hymdrechion i ailddelweddu eu hunain. Yn 2015, enillodd West Kilbride yn Ayrshire y wobr am drawsnewid ei hun i greu pentref crefftau oedd hefyd yn cefnogi artistiaid lleol. Llwyddodd y gymuned leol hon i newid y canfyddiad o'r pentref drwy greadigrwydd a brwdfrydedd unigolion o fewn y gymuned (*cymuned leol*).

### Crynodeb

- Nid yw pob ardal wledig yn ardal ymylol.
- Mae'r boblogaeth yn cynyddu yn y mwyafrif o ardaloedd gwledig o ganlyniad i wrthdrefoli a phobl yn symud yn ôl i'r ardal.
- Mae pobl yn symud i ardal wledig yn aml oherwydd y darlun delfrydol sydd ganddyn nhw o fywyd yng nghefn gwlad.

- Mae cyflogaeth yn y diwydiannau cynradd yn yr ardaloedd gwledig yn lleihau.
- Mae pobl yn arallgyfeirio yng nghefn gwlad gan greu swyddi newydd sy'n wahanol i'r swyddi oedd yno yn y gorffennol.
- Mae lleoedd gwledig yn ail-ddelweddu eu hunain gyda chymorth cyllid cyhoeddus neu fentrau preifat.

# ■ Rheolaeth wledig a sialensiau parhad a newid

## Beth yw'r prosesau sy'n gyfrifol am greu newid mewn ardaloedd gwledig?

### Demograffig

Mae'r boblogaeth wledig yn newid o ran ei nodweddion demograffig yn ogystal â'i lleoliad. Yn 2011, oed cyfartalog y bobl oedd yn byw yng nghefn gwlad oedd 45 o'i gymharu â 42 yn 2001. Un o'r rhesymau am hyn oedd y ffaith fod llawer o genhedlaeth y *baby boomers* wedi ymddeol i fyw yn y wlad. Mae Ffigur 37 yn cymharu proffil oedran y boblogaeth wledig yn 2001 a 2011. Yn 2011, cartrefi un-person (gydag oedran 65+) oedd 14% o'r cartrefi gwledig gyda chartrefi un-person eraill yn cyfrif am 13% o'r boblogaeth. Pobl sydd wedi dychwelyd i gefn gwlad i'r ardal lle cawson nhw eu geni yw llawer ohonyn nhw. Yn y Gymru wledig, amcangyfrifir bod y symudiadau hyn gymaint ag 18% o'r holl symudiadau. Er bod y boblogaeth yn hŷn fel arfer, mae'r boblogaeth wledig honno yn tueddu i fod yn iachach.

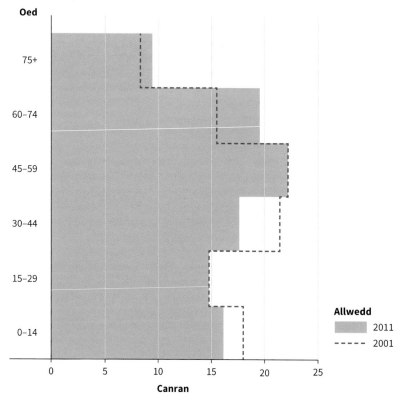

**Ffigur 37** Oed y boblogaeth mewn ardaloedd gwledig yn 2001 a 2011

# Gwrthdrefoli

Mae pobl sy'n ennill incwm uchel neu ganolig wedi bod yn symud o'r ardaloedd trefol i chwilio am dai mwy fforddiadwy yn y wlad. Mae Ffigur 38 yn nodi beth oedd gwaith preswylwyr gwledig yn 2011. Mae'n dangos bod gan bron i un rhan o dair o'r rhai sydd mewn gwaith swyddi â statws a chyflog da.

Yn rhy aml o lawer, mae gwrthdrefoli'n cael ei bortreadu fel unigolion yn dianc o'r ddinas lygredig, brysur i chwilio am ffordd o fyw fwy hamddenol yn y wlad. Mudo gwledig-i-wledig yw rhywfaint o'r hyn a elwir yn wrthdrefoli mewn gwirionedd, ac yn ôl astudiaethau yng Nghymru a'r Alban, dyna yw chwarter y mudwyr. Mae gan nifer o'r mudwyr hyn incwm uwch na'r rhai sy'n gadael ardaloedd trefol.

Dyma'r gwrthdrefolwyr traddodiadol, sy'n cymudo i'r ardaloedd trefol ar gyfer gwaith a siopa, ac yna'n ymddeol i bentref neu i gefn gwlad i fyw. Dyma batrwm sy'n tyfu'n gyflym yn yr ardaloedd gwledig hynny sy'n ymylu ar ddinasoedd a threfi. Mae ardaloedd sy'n ymylu ar ddinasoedd yn ne Lloegr, hyd at 130–180km o Lundain, o dan bwysau i ehangu. Yma, mae aneddiadau wedi'u lleoli mewn ardaloedd gwledig hyfryd sydd o fewn cyrraedd i reilffyrdd a thraffyrdd, ac yn denu pobl drefol sy'n dewis byw yng nghefn gwlad. Ardaloedd cefnog sy'n amgylchynu'r trefi a'r dinasoedd cyfagos yw'r rhain, ac maen nhw'n enghreifftiau clasurol o wrthdrefoli. Mewn cymhariaeth, mewn rhannau o ogledd Lloegr a Chymru, mae pobl wedi cael eu denu i'r ardaloedd gwledig o ganlyniad i ddad-ddiwydiannu ac amddifadedd. Gwelir gwrthdrefoli o drefi difreintiedig fel Burnley, Preston a Bradford i ardaloedd gwledig cyfoethog fel Dyffrynnoedd Ribble, Wyre a Craven. Mae'r symudiad hwn yn arwain at y canlyniadau canlynol:

- **Pobl leol gydag incwm isel yn ceisio prynu tŷ:** prisiau tai yn rhy uchel i'r bobl leol oherwydd bod mewnfudwyr sydd â mwy o arian yn fodlon talu prisiau uwch.
- **Perchnogaeth ail gartrefi:** mae llai o dai ar gael i'r boblogaeth leol wrth i bobl o'r tu allan brynu ail gartrefi, yn enwedig felly yn yr ardaloedd mwyaf gwledig sydd â phoblogaeth mwy gwasgaredig. Mewn ardaloedd fel Pen Llŷn a Chernyw mae'r

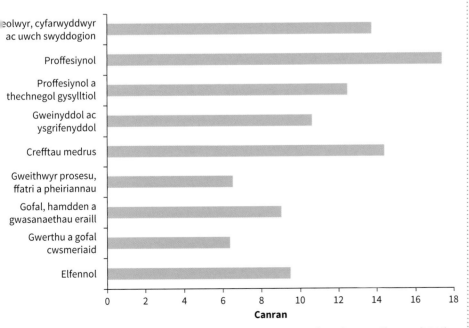

**Ffigur 38** Galwedigaethau preswylwyr gwledig rhwng 16-74 oed yn Lloegr a Chymru (2011)

mewnfudo cymaint fel eu bod nhw'n chwilio am ffyrdd o liniaru'r effeithiau. Yn yr Alban, mae unigolion cefnog iawn sydd am fuddsoddi eu harian drwy brynu stadau gwledig yn achosi newid yn yr economi gwledig drwy roi mwy o bwyslais ar weithgareddau hamdden.

- **Perchenogaeth tai:** mae mwy o bobl mewn ardaloedd gwledig yn berchen ar eu cartrefi eu hunain (74%) nag mewn ardaloedd trefol (61%). Mae hyn yn rhannol yn ganlyniad i wrthdrefoli.
- **Incwm isel yn y sectorau cynradd a gofal:** gall incwm isel arwain at amddifadedd, pobl yn methu prynu cartref fforddiadwy yn ogystal â diffyg cyfle (e.e. anhawster cael mynediad i wasanaethau fel iechyd ac adloniant). Mae gofynion cynyddol o ran sgiliau ym mhob math o weithgaredd cynradd yn gallu arwain at fwy o ddiweithdra ymhlith y rhai sydd heb gymwysterau. Gall pobl wledig brofi tlodi mewn gwaith.
- **Pobl yn cael hi'n anodd i deithio:** er enghraifft, gwrthod trwyddedau gyrru i'r henoed ar sail cyflwr iechyd, costau teithio cynyddol, argaeledd cludiant cyhoeddus wrth i gymorthdaliadau gwledig gael eu torri. Mae'r rhain i gyd yn arwain at ddiffyg mynediad i waith a gwasanaethau.
- **Diffyg cysylltiadau digidol da:** Mae Ffigur 29 ar dudalen 64 yn nodi'r ardaloedd lle mae diffyg cysylltiadau digidol da yn gyffredin. Gellir esbonio hyn yn nhermau lleoliad ymylol, dwysedd poblogaeth isel a phellter o ganolfannau mwy.
- **Tlodi:** i rai, mae tlodi'n ffaith. Heb yr adnoddau ariannol angenrheidiol, all pawb ddim mwynhau'r un ffordd o fyw â'r mwyafrif mewn anheddiad bychan.

Gall poblogaeth ardaloedd gwledig fod yn fwy difreintiedig na'r disgwyl. Er bod yr un nodweddion amddifadedd i'w gweld mewn ardaloedd gwledig a threfol, mae effeithiau rhai ohonyn nhw'n fwy amlwg yn y wlad, gan arwain at gylch o amddifadedd gwledig. Weithiau, mae'r ffaith eu bod yn ardaloedd ymylol, anghysbell yn gallu arwain at amddifadedd pellach. Mae Ffigur 39 yn crynhoi'r ffactorau sydd wedi arwain at ailddelweddu lleoedd gwledig.

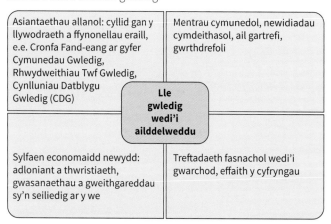

**Ffigur 39** Lle gwledig wedi'i ailddelweddu

## Gwaith maes

Astudiwch amddifadedd gwledig mewn sir benodol. Dechreuwch eich astudiaeth drwy edrych ar ddata o ffynhonnell eilaidd. Ewch ati wedyn i astudio nodweddion lleoedd lle mae amddifadedd gwledig yn uwch neu'n is. Sut mae'r lleoedd hyn yn cael eu cynrychioli?

# Rheoli newid gwledig ac anghydraddoldeb mewn cymunedau gwahanol

Mae pobl yn dueddol o greu delwedd yn eu pen o le arbennig. Gyda'r fath amrywiaeth o bobl sy'n byw mewn ardaloedd gwledig, mae'n anorfod fod canfyddiad a dealltwriaeth person o natur pentref neu gymdogaeth yn amrywio. Ganol yr ugeinfed ganrif, lleihau oedd poblogaeth siroedd Ceredigion a Threfaldwyn. Y farn oedd eu bod nhw'n siroedd traddodiadol nad oedd yn symud gyda'r oes. Ar yr yn pryd, gwelodd eraill y sefyllfa fel cyfle i brynu ail gartref rhad, gan arwain at anniddigrwydd ymysg y boblogaeth leol. Dyna oedd sail yr ymgyrch losgi tai haf. Er bod yr isadeiledd, y mynediad i ysgolion a chyfleusterau iechyd yn ddiffygiol, doedd hynny ddim yn achos pryder i berchnogion ail gartrefi gan eu bod yn gallu dychwelyd i'w cartrefi yn y dref neu'r ddinas (*hunaniaeth*).

## Perchnogaeth ail gartrefi

Mae dros 165,000 o bobl yn berchen ar gartrefi gwyliau yn Lloegr a Chymru. Yng Nghernyw y mae'r nifer fwyaf o ail gartrefi (23,000), ond mae 7,784 yng Ngwynedd, sy'n ganran uwch yn ôl y pen. Mae ardaloedd eraill sydd wedi'u heffeithio gan ail gartrefi yn cynnwys Gogledd Norfolk (4,842), South Hams yn Nyfnaint (3,738), De Bro'r Llynnoedd, Cumbria (4,684) ac Ynysoedd Scilly (99 o berchnogion ail gartrefi gyda chyfanswm poblogaeth o 2,203). Mae tuedd wedyn i brisiau tai a chost hir-dymor rhentu tai godi yn yr ardaloedd twristaidd mwyaf poblogaidd. Yn aml, mae'r prisiau y tu hwnt i gyrraedd y gweithwyr lleol ar gyflogau isel. Yn 2016, cynhaliodd St Ives, Cernyw refferendwm i benderfynu a ddylai'r ardal, lle roedd 1 o bob 5 tŷ yn y dref a'r cyffiniau eisoes yn ail gartrefi, ganiatáu i fwy o'r tai i gael eu prynu fel ail gartrefi (yn ddiweddarach, dangosodd adroddiadau mai ymwneud â chyflwyno eiddo newydd yn hytrach na phob math o eiddo oedd diben y refferendwm).

### Gwaith maes

Os ydych chi'n byw mewn ardal sydd â nifer o ail gartrefi, yna bydd modd cynnal ymchwiliad gwaith maes drwy holi o ble daw'r perchnogion. Dewis arall fyddai holi beth yw barn y gymuned a'r bobl leol am y cynnydd mewn ail gartrefi a beth yw effeithiau hyn ar wasanaethau lleol.

### *Datblygiad 'Lakes by yoo'*

'The Lakes by yoo is a 650-acre private development, set in glorious parkland, comprising of lakes and woodland and meadows, in the heart of The Cotswolds. The estate features idyllic properties with interiors designed by Kate Moss, Elle McPherson, Jade Jagger, Kelly Hoppen and Phillipe Starck. Interested? View for more details at www.thelakesbyyoo.com.'

Stad breifat 650 erw (263ha) yn y Cotswolds yw datblygiad 'Lakes by yoo'. Yn yr achos hwn, mae cwmni Humberts yn gwerthu ail gartrefi ar sail y ddelfryd o breifatrwydd a'r ddelwedd hudolus o'r bywyd gwledig perffaith. Maen nhw hefyd yn defnyddio 'enwogion' fel arf i hyrwyddo'r cynllun (*hunaniaeth, cynrychiolaeth*).

## Trafnidiaeth, iechyd a darparu gwasanaethau

Mae diffyg trafnidiaeth yn yr ardaloedd gwledig yn creu anghydraddoldeb cynyddol. Mae pobl yn teithio'n bellach yn y wlad nag yn y dref, gyda 59% o'r boblogaeth wledig yn defnyddio car yn bennaf, er bod 11% heb fynediad at gar (o'i gymharu â 28% mewn

**Profi gwybodaeth 15**

Beth mae Ffigurau 37–39 yn dweud am natur y materion sy'n wynebu aneddiadau a chymunedau gwledig yng Nghymru a Lloegr?

**Cyngor i'r arholiad**

Byddwch yn ofalus wrth ddewis eich ffynonellau data, rhag ofn eu bod yn dangos tuedd. Nid yw'r ffigurau a roddir yn y testun ar gyfer perchnogaeth ail gartrefi mewn ardaloedd penodol yn nodi os yw'r perchnogion yn gyd-berchnogion neu'n berchnogion unigol.

ardaloedd trefol). Mae hyn yn adlewyrchu cyfoeth cymharol y boblogaeth wledig newydd ochr yn ochr â thlodi cymharol y preswylwyr tymor-hir. Dangosodd arolygon fod un rhan o dair o'r boblogaeth wledig yn ystyried bod cludiant cyhoeddus yn annigonol ac anghyfleus, nad oedd yn siwtio oriau gwaith, ysgol na sicrhau mynediad i bob math o wasanaethau sylfaenol (*arwahanrwydd*).

Wrth i nifer y preswylwyr hŷn gynyddu, mae cwrdd ag anghenion iechyd y bobl sy'n byw mewn ardaloedd gwledig yn sialens gynyddol. Mae canran y bobl sydd ag anabledd neu broblemau iechyd sy'n cyfyngu ar eu bywydau yn uwch mewn ardaloedd gwledig nag mewn ardaloedd trefol. Mae hyn yn arbennig o wir yn yr ardaloedd mwyaf anghysbell (*ardaloedd ymylol*).

Gall darparu gwasanaethau sylfaenol fod yn sialens i rai cymunedau. Mae mwy o siopau wedi cau mewn pentrefi ac mae nifer o swyddfeydd post naill ai wedi cau neu o dan fygythiad. Weithiau, bydd swyddfa'r post yn cael ei symud a'i lleoli mewn siop arall. Dydy rhai busnesau ddim yn dymuno bod yn gysylltiedig â swyddfa'r post erbyn hyn (*lliniaru, addasu*). Mae rhai cadwyni bwyd wedi agor siop mewn pentref sy'n golygu na fydd yr arian sy'n cael ei wario yn y siop yn aros o fewn y pentref. Mae banciau'n cau hefyd. Caewyd 243 o ganghennau mewn ardaloedd gwledig yn 2014 o ganlyniad i lwyddiant bancio ar-lein. Ond, mae arafwch neu fethiant y cyswllt band-eang mewn ardaloedd mwy anghysbell yn gallu cael effaith ar y gymuned (*arwahanrwydd*).

Mae tuedd i'r mudwyr gwledig-i-wledig ddilyn galwedigaethau traddodiadol. Mae rhai fodd bynnag wedi sefydlu busnesau darparu bwyd a lle ty sy'n cyflogi eraill yn y gymuned. Mae'r rhai sy'n dod o'r dinasoedd a'r trefi yn tueddu sefydlu busnesau celf a chrefft a gweithgareddau sy'n gysylltiedig â TG, sydd yn aml iawn ddim yn cyflogi staff ychwanegol. Mae mudwyr iau sy'n symud i'r wlad yn ennill mwy o gyflog yn gweithio mewn swyddi proffesiynol. Mae Tabl 18 yn dangos y rhesymau dros symud i'r wlad neu symud rhwng un ardal wledig â'r llall.

**Tabl 18** Rhesymau dros symud i ardaloedd gwledig

| Rheswm neu gymhelliant | Mudwyr gwrthdrefoli | Mudwyr gwledig-i-wledig |
|---|---|---|
| Cyflogaeth | 11% | 22% |
| Cartrefi | 3% | 10% |
| Agosach at rieni/plant wedi tyfu | 10% | 10% |
| Ymddeoliad (cynllunio ar ei gyfer neu'n ymddeol) | 33% | 28% |
| Ansawdd bywyd | 26% | 15% |
| Arall | 17% | 14% |

Stockdale, Aileen (2015) 'Contemporary and 'Messy' Rural In-migration Processes: Comparing Counter-urban and Lateral Rural Migration' yn *Population, Place and Space* (John Wiley & Sons).

## Adfywio neu greu delwedd newydd mewn lle gwledig

Y sialens fwyaf sy'n wynebu aneddiadau gwledig yw eu bod yn rhy fach i baratoi a gweithredu cynlluniau adfywio mawr. Mae'n rhaid i'r cymunedau hyn felly wneud newidiadau bychain sy'n gweithio er lles y gymuned. Er enghraifft:

- Yn y DU, mae dros 350 o siopau a/neu swyddfeydd post yn cael eu rhedeg gan wirfoddolwyr yn y gymuned. Amcangyfrifir bod tua 300-500 o siopau pentref yn cau pob blwyddyn. Ers 2010, ar gyfartaledd mae 22 siop dan berchnogaeth gymunedol wedi agor bob blwyddyn. Mae Siop Gymunedol Pwllglas, ger Rhuthun, Siop Bentref

Barford yn Swydd Warwick a Siop Gymunedol a Swyddfa'r Post St Tudy yng Nghernyw yn enghreifftiau da o'r duedd hon.

- Mae Forncett St Peter yn Norfolk wedi defnyddio hen gaban ffôn fel lle i osod diffibriliwr. Dyma enghraifft o ardal wledig yn cynnig gwasanaeth gofal iechyd.
- Yn North Stoke, pentref yng Ngorllewin Sussex, mae 'llyfrgell' leol a chanolfan wybodaeth fechan i ymwelwyr wedi'u lleoli mewn hen gaban ffôn.

### Tasg hunan-astudio

Mae Ffigur 39 yn dangos y pedair elfen sy'n gysylltiedig ag ailddelweddu lleoedd gwledig. Dewiswch un pentref er mwyn gweld a oes cynlluniau yno i ailfrandio ac adfywio. Ceisiwch eu gosod yn un o'r blychau. Ydy'r ymdrechion wedi bod yn llwyddiannus?

### Gwaith maes

Beth am ddewis un o'r isod fel maes astudio?
1 Y newidiadau i ddarpariaeth gwasanaethau mewn pentrefi gwrthgyferbyniol.
2 Beth yw effaith siop gymunedol ar anheddiad bychan?
3 Nodweddion cymdeithasol ac economaidd pentrefi sydd wedi eu maestrefoli.

## Y sialensiau i reoli newid sy'n gysylltiedig â gwrthdrefoli a pherchnogaeth ail gartrefi

### *Ymddiriedolaethau Tir Cymunedol*

Strategaeth i wrthsefyll pwysau gwrthdrefoli ac ail gartrefi yw'r Ymddiriedolaethau Tir Cymunedol (*Community Land Trust CLT*). Defnyddiwyd y syniad yma gyntaf yn UDA yn ystod cyfnod y Mudiad Hawliau Sifil yn yr 1960au. Cafodd ei ddefnyddio hefyd mewn ardaloedd trefol oedd yn brin o gartrefi. Lledaenodd y strategaeth hon i'r DU ac yn 2014 sefydlwyd Elusen Genedlaethol Ymddiriedolaethau Tir Cymunedol o ganlyniad i'w llwyddiant cynnar. Ymateb i golli gwasanaethau (siopau, swyddfeydd post, meddygfeydd) a phrisiau tai uchel wrth i wrthdrefoli newid ardaloedd (*addasu*, *lliniaru*, *risg*, *cynaliadwyedd*) yw sail y strategaeth. Am fwy o fanylion, ewch i **www. communitylandtrusts.org.uk**.

Sefydlwyd Ymddiriedolaeth Tir Cymunedol Angmering yng Ngorllewin Sussex yn 2013 dan nawdd y Cyngor Plwyf. Ar hyn o bryd, mae'n datblygu'n Gymdeithas Budd-dal Cymunedol. Y bwriad yw canolbwyntio ar ddarparu cartrefi fforddiadwy yn y plwyf gan fod pobl ifanc dan 30 oed yn methu â fforddio prynu eiddo yn y pentref erbyn hyn. Mae wyth o dai ar stad fawr o dai wedi cael eu prynu gan yr Ymddiriedolaeth a'u rhentu i bobl leol. Maen nhw hefyd yn bwriadu ailsefydlu rhai o'r cyfleusterau cymunedol a gollwyd, e.e. siopau lleol.

Gobaith Ymddiriedolaeth Tir Cymunedol Tyddewi yn Sir Benfro yw adeiladu 118 o dai ar safle 3.6ha yn Nhyddewi. Mae'n fwriad cynnwys pwll nofio a chaffi fel rhan o'r datblygiad. Un o ganlyniadau prosiect o'r fath yw gwneud i bobl leol deimlo eu bod yn gymuned sy'n gweithio gyda'i gilydd.

> 'Y weledigaeth sylfaenol yw cynnal cymunedau hanesyddol ardal Tyddewi [*hunaniaeth*], eu hysgolion, eu sefydliadau a'u gwasanaethau, drwy alluogi teuluoedd ifanc lleol i fyw ac i ffynnu yn yr ardal y maen nhw'n perthyn iddi.'
>
> Cofnodion yr Ymddiriedolaeth 2015

### Cyngor i'r arholiad

Os byddwch chi'n defnyddio ffynonellau eilaidd yna cofiwch nodi hynny, yn enwedig wrth wneud astudiaethau gwaith maes.

Mae'n rhaid fod gan bob Ymddiriedolaeth gyfansoddiad er mwyn gallu prynu, gwerthu a rhentu eiddo a bod yn gymwys i dderbyn benthyciadau. Wrth ailwerthu eiddo sy'n berchen iddyn nhw, mae cyfyngiad o 30% o werth yr eiddo ar y farchnad agored yn cael ei osod. Pobl leol sydd â'r hawl cyntaf i brynu neu rentu.

### Polisïau i gyfyngu ar ail gartrefi

- Dileu cymhorthdal ar y dreth cyngor o 10% gan gynyddu'r trethi.
- Gosod cwota ar adeiladu ail gartrefi (defnyddir y dull hwn yn Canton de Valais, Swistir).
- Clustnodi eiddo sy'n cael eu defnyddio fel tai gwyliau neu ail gartref ar hyn o bryd fel eiddo y byddai modd eu defnyddio fel cartrefi i bobl leol.
- Gellid dileu'r consesiwn treth sydd ar yr enillion cyfalafol pan fydd eiddo'n cael ei werthu.

### Buddsoddiad Uniongyrchol o Dramor

Defnyddir Buddsoddiad Uniongyrchol o Dramor hefyd fel modd o adfywio rhai ardaloedd gwledig lle mae swyddi mewn gweithgaredd cynradd wedi'u colli. Mae buddsoddwyr o UDA, mewn partneriaeth â chwmni o'r DU, yn bwriadu trawsnewid hen safle cloddio glo brig ger Chesterfield yn Swydd Derby i fod yn ganolfan iechyd, chwaraeon ac addysg newydd – datblygiad a ddylai greu 1,000 o swyddi newydd.

| Gwaith maes |
| --- |
| Gwnewch astudiaeth o effaith sefydlu Ymddiriedolaeth Tir Cymunedol mewn ardal wledig er mwyn darganfod sut mae'n newid y lle neu'r lleoedd dan sylw. |

## Crynodeb

- Mae'r prosesau sy'n creu newid mewn ardaloedd gwledig yn cynnwys newidiadau demograffig a gwrthdrefoli ynghyd â newidiadau yn y farchnad dai.
- Un o ganlyniadau newid yw amddifadedd a thlodi gwledig, er bod ystadegau'n gallu cuddio hyn yn achos rhai pobl leol. Gall yr amddifadedd hwn fod yn wasgaredig iawn.
- Mae ail gartrefi a chartrefi gwyliau yn rhoi pwysau ar y farchnad dai.
- Mae ymdrechion yn cael eu gwneud ar lefel llywodraeth leol a chymunedol i ymateb i broblemau amddifadedd, darparu gwasanaethau, tai ac arwahanrwydd mewn ardaloedd gwledig.

# ■ Y broses ailfrandio a'r rhai sy'n rhan ohoni mewn lleoedd trefol

Mae trefi a dinasoedd yn cystadlu fel lleoedd i ddenu buddsoddiad. Ennill y gystadleuaeth drwy greu delwedd gadarnhaol yw prif nod y rhai sydd mewn awdurdod – un a fydd yn denu buddsoddiad i mewn i'w hardal nhw. Mae Canary Wharf wedi bod yn llwyddiannus, nid yn unig am i'r ardal elwa o gefnogaeth ariannol Corfforaeth Ddatblygu Trefol y llywodraeth, ond hefyd am fod y lle'n creu'r ddelwedd orau fel ardal sy'n ganolfan ariannol (adeiladau eiconig, staff â chymwysterau da sy'n cymudo i weithio mewn ardal sy'n cynnwys tai bwyta, siopau, gwestai a fflatiau ar gyfer pobl sydd ar gyflogau uchel). Mae hyn mewn gwrthgyferbyniad amlwg â'r boblogaeth ddosbarth gweithiol a'r mewnfudwyr – yn gweithio yn y dociau ac yn byw mewn tai teras â phrinder cyfleusterau – oedd yn nodweddu'r lle cyn 1980. Yr un lle yw'r lleoliad ond mae'r lle ei hun wedi newid. Bellach, mae'r Isle of Dogs wedi ei ailfrandio fel Canary Wharf.

# Ailddelweddu ac ailfrandio lleoedd trefol

Math o 'ganmol' neu 'frolio' yw ailddelweddu neu ailfrandio. Ond gall canmol o'r fath newid dros gyfnod o amser. Er enghraifft, roedd dinas Chicago yn arfer cael ei hadnabod fel y *Gem of the Prairies* cyn iddi dderbyn cyhoeddusrwydd negyddol a'i galw'n *Hogopolis* a *Cornopolis*. Bellach, mae'n cael ei hadnabod fel *the Windy City*, sy'n creu argraff neu ddelwedd fwy cadarnhaol. Mae trefi a dinasoedd bellach yn achub ar bob cyfle i hybu cyfleoedd busnes a chyfleoedd byw cyffredinol, fel y mae Tabl 19 yn ei ddangos.

**Tabl 19** Gwahanol ddulliau o hyrwyddo tref neu ddinas

| Hyrwyddo busnes | Hyrwyddo ffordd o fyw |
|---|---|
| Canolfan sy'n ganolog ac yn gyfleus | 'Tref sy'n bleserus i fyw ynddi' |
| Hygyrchedd | Cynnal digwyddiadau diwylliannol |
| Costau cyfathrebu | Canolfan fyrlymus gyda theatr, cyfleusterau hamdden a chwaraeon |
| Golwg gyfoes gydag adeiladau trawiadol ac amgylchedd glân | Lle braf i ymlacio a mwynhau |
| Gweithwyr â sgiliau o'r radd uchaf – yn agos at sefydliadau addysg uwch | Cyfle i fwynhau cefn gwlad |
| Cysylltiadau byd-eang – agos at faes awyr neu orsaf reilffordd ryngwladol | — |

## Tasg hunan-astudio

Beth yw'r pwyslais yn y deunydd cyhoeddusrwydd ar gyfer eich dinas/tref a'r ardal ble rydych chi'n byw? Gallwch chwilio am wybodaeth ar-lein neu mewn cyhoeddiadau print. Ydy'r hyn wnaethoch chi ei ddarganfod yn debyg neu'n wahanol i'r hyn a ddangosir yn Nhabl 19?

# Adfywio sydd wedi ei seilio ar ddiwylliant

Rhoddwyd hwb i'r syniad o adfywio ardal ar sail diwylliant yn sgil llwyddiant sefydlu Amgueddfa Guggenheim yn Bilbao, Sbaen. Gall adfywio drwy hyrwyddo diwylliant arwain at adfywio'r economi lleol hefyd. Yn 1985, dechreuodd yr arfer o ddewis Dinas Diwylliant Ewrop. Hyd yn hyn, mae dwy ddinas yn y DU wedi'u dynodi fel Dinas Diwylliant sef Glasgow yn 1990, gyda'i harwyddair *Glasgow's miles better*. Yn 2008, cafodd Lerpwl ei dewis yn Ddinas Diwylliant. Yn 2009 wedyn, sefydlwyd Dinas Ddiwylliant y DU, gyda Londonderry yn cael ei hanrhydeddu gyda'r teitl hwnnw yn 2013. Yn 2017, roedd Hull yn Ddinas Diwylliant y DU.

## Gwaith maes

Ymchwiliwch i weld pa effeithiau fu ar amgylchedd adeiledig a bywydau pobl yn y dinasoedd a ddewiswyd.

Enghraifft amlwg arall o adfywio yw'r *Gateshead Quayside* yn Newcastle-upon-Tyne, sy'n cynnwys Pont y Mileniwm, Canolfan Gelfyddyd Gyfoes y Baltic (melin flawd y Baltic cyn hynny), a lleoliad neuadd gyngerdd Sage yn Gateshead a adeiladwyd ar gost o £142m. Mae'n bosib gweld cysylltiad rhwng y datblygiad hwn â chreu swyddi mewn rhannau eraill o Newcastle, ond prin oedd y nifer o swyddi a gafodd eu creu yn yr ardal gyfagos. Dylanwadu ar ganfyddiad pobl o'r ardal oedd prif effaith y cynllun (*hunaniaeth*).

Yn Bradford, bu sefydlu'r Amgueddfa Ffotograffiaeth, Ffilm a Theledu yn 1983 yn allweddol bwysig i'r economi. Enillodd Bradford statws Dinas Ffilm UNESCO yn 2009, a hynny yn ystod blwyddyn gyntaf sefydlu'r statws hwnnw. Ymhellach, cafodd y tir a fu'n ddiffaith ers 1970, lle roedd melinau edau wlân *Moorside Mills* (1875) yn arfer bod, ei ailddatblygu i greu amgueddfa ddiwydiannol. Agorwyd yr amgueddfa am y tro cyntaf yn 1975.

Daeth Oriel Gyfoes Turner (a agorwyd yn 2011) â £41m yn fwy o wariant i ardal Margate o fewn pum mlynedd wrth i tua 200,000 o ymwelwyr ychwanegol ymweld â hi. Cafodd gwesty bwtîc ei agor gerllaw mewn hen westy yn 2013, heb sôn am nifer o dai bwyta a siopau oedd yn gwerthu nwyddau celfyddydol.

Cynlluniau sy'n cynnig amrywiaeth o wasanaethau yn cynnwys theatrau, sinemâu, siopau a swyddfeydd sy'n cael eu ffafrio fel arfer wrth ystyried ailddatblygu. Ond y broblem gyda chynlluniau o'r fath yw eu bod nhw'n gallu cael effaith negyddol ar ganol y dref. Gall adfer theatrau hefyd fod yn rhan o adfywio diwylliannol. Mae marchnadoedd ffermwyr a marchnadoedd Nadolig yn ddulliau eraill o adfywio diwylliannol sydd wedi'u cynllunio i ddenu siopwyr 'nôl i ganol trefi. Yn aml bydd y marchnadoedd Nadolig yn efelychu'r model Almaenig er mwyn hybu'r syniad o gyfoeth a dod â bwrlwm yn ôl i ganol y dref.

## Stadia chwaraeon

Defnyddir codi stadiwm yn aml fel catalydd ar gyfer adfywio ardal, er mai pwysau i gynnal digwyddiadau ar lefel ryngwladol fu'r sbardun i'w codi'n wreiddiol:

- Stadiwm y Principality (Stadiwm y Mileniwm cyn hynny), Caerdydd (1999): Cwpan Rygbi'r Byd, safle yng nghanol y ddinas
- Stadiwm Dyffryn Don, Sheffield (1991): Gemau Rhyngwladol ar gyfer myfyrwyr
- Stadiwm Dinas Manceinion (Stadiwm Etihad erbyn hyn), Manceinion: adeiladwyd i gynnal Gemau'r Gymanwlad (2002), 1.6km o ganol y ddinas ar safle tir llwyd ac yn rhan o'r *East Manchester Sportcity*
- Stadiwm a Pharc Olympaidd (2012), Dwyrain Llundain.

Mae Tabl 20 yn crynhoi costau a buddiannau sy'n dod o godi stadia.

**Tabl 20** Costau a buddiannau datblygu safleoedd stadia mawr

| Buddiannau | Costau |
|---|---|
| Gall fod yn sail i adfywiad economaidd | Tagfeydd |
| Creu swyddi | Angen hygyrchedd ar gyfer nifer mawr o bobl, e.e. Wembley |
| Cynnydd mewn gweithgareddau masnachol | Llygredd sŵn a golau |
| Yr effeithiau gwreiddiol yn cael eu lluosi gan arwain at ddatblygiad economaidd pellach | Newid mewn ansawdd bywyd y bobl leol (h.y. NIMBYs) |
| Dod ag incwm trethi i'r cyngor lleol a'r wlad | Gall gwerth eiddo ostwng |
| Creu safle eiconig fydd yn gyfrwng i greu hysbysrwydd i'r ddinas | Costau cynnal uchel |
| Cynnydd mewn twristiaeth (e.e. teithiau o amgylch y stadiwm, cefnogwyr sy'n ymweld, gwestai) | Diffygion mewn incwm o ddefnydd achlysurol |
| Darpariaeth gymunedol gynyddol | Costau trawsnewid yr ardal (e.e. Parc Olympaidd yn Llundain) |
| Creu balchder dinesig | Plismona ar ddiwrnod gêm |
| Gwella delwedd | Fandaliaeth, graffiti, sbwriel |
| Codi proffil y rhai sy'n noddi'r stadiwm (e.e. Amex, Brighton; Etihad, Manceinion) | |
| Adfywio prisiau eiddo (e.e. Caerdydd) | |
| Catalydd ar gyfer adnewyddu eiddo (e.e. Caerdydd) | |

Mae stadia eraill wedi'u hadleoli er mwyn galluogi defnyddio'r safle blaenorol i bwrpas arall. Cafodd Stadiwm Amex yn Brighton ei chodi er mwyn gwerthu'r hen Goldstone Ground i godi tai. Yr un oedd y sefyllfa yn Reading, Abertawe, Southampton a Highbury. Mae'r stadia newydd gan amlaf yn rhai amlbwrpas sy'n cael eu defnyddio fel lleoliad ar gyfer cyngherddau, gweithgareddau cymunedol a chynadleddau.

## Gwaith maes

Os ydych yn byw mewn tref lle mae stadiwm wedi'i hadleoli yna dylai fod yn bosib ymchwilio i effaith adleoli ar y safle gwreiddiol a'r safle newydd.

# Ailddelweddu ac adfywio economi

Mae ailfrandio'n golygu bod angen cael gwared o'r hen ddelwedd a chreu delwedd newydd. Gall y ddelwedd newydd gynnwys elfennau o'r hen ddelwedd hefyd (*addasu, hunaniaeth, cynrychioli*).

## Ailfrandio llywodraeth leol

Yn 2013, roedd 137 o **Ardaloedd Gwella Busnes (BIDs)** mewn ardaloedd trefol. Sefydlwyd cynllun Ardal Gwella Busnes Newcastle yn 2009. Mae'r prosiectau yn Newcastle wedi targedu anghenion busnesau adwerthu yng nghanol y ddinas ar ôl 5 o'r gloch, gyda'r bwriad o:

- ymestyn oriau agor siopau gyda pharcio am ddim
- manteisio ar y 4.3 miliwn o siopwyr ychwanegol sy'n ymweld â chanolfan siopa Eldon Square er mwyn eu denu i leoliadau eraill
- gwella mynediad i brif orsaf reilffordd y ddinas a wireddwyd yn sgil sicrhau £5 miliwn o gyllid o'r UE, Network Rail a Dinas Llundain
- defnyddio siopau gwag ar gyfer hyfforddi ieuenctid, cefnogi cyflogaeth, adloniant a chymdeithasu (*Space 2*).

Mae BIDs mewn aneddiadau llai o faint wedi profi'n llai llwyddiannus gan fod disgwyl i'r adwerthwyr a'r gwasanaethau gyfrannu i'r cynllun. Yn Skipton, mae rhai gwasanaethau fel siopau trin gwallt yn anhapus ynglŷn â chyfrannu at gynllun sy'n anelu at ddenu twristiaid. Rhaid bod yn wyliadwrus wrth ystyried ffigurau creu swyddi yn sgil prosiectau adfywio gan fod y mwyafrif ohonyn nhw'n goramcangyfrif y nifer o swyddi sy'n cael eu creu o hyd at 40%.

## Gwaith maes

Ymchwiliwch i effeithiau cynllun BIDs mewn lle penodol. Sut mae'r cynllun yn effeithio ar fywydau'r bobl yn y lle hwnnw?

Mae *Tramshed* yn Grangetown, Caerdydd yn enghraifft o brosiect adfywio o fewn adeilad rhestredig Gradd II, sef hen orsaf dramiau. Lleoliad ar gyfer cerddoriaeth fyw i 1,000 o bobl fydd *Tramshed* gyda bwyty, bar coctel a sinema fach. Bydd oriel gelf, stiwdios dawns a swyddfeydd yno hefyd, pan fydd y cynllun adfywio sy'n werth £4m wedi'i gwblhau.

## Cynlluniau meithrin a chyflymu

Mae banciau a benthycwyr eraill yn ogystal â nawdd torfol (*crowd funding*), cwmnïau mawr a phrifysgolion i gyd yn gysylltiedig â chefnogi gweithgareddau economaidd newydd mewn dinasoedd. Mae gan **www.startupbritain.org** fapiau rhyngweithiol sy'n plotio nifer a dwysedd busnesau newydd. Fel gyda chynllun *Innovation Birmingham* ar Barc Gwyddoniaeth Prifysgol Aston, mae Partneriaethau Menter Lleol (LEPs) (gweler tudalennau 44–45) hefyd yn ymwneud â hyn.

> **Gwaith maes**
>
> Pa fath o gwmnïau sydd wedi'u lleoli mewn ardaloedd arloesi fel Aston? Pryd wnaeth y cwmnïau sefydlu, faint maen nhw'n cyflogi, sut maen nhw wedi newid delwedd y lle a sut maen nhw'n cael eu cynrychioli ar y cyfryngau?

## Stalled Spaces Glasgow

Mae gan Glasgow fwy o safleoedd gwag ar gyfer adeiladu ar hyn o bryd nag unrhyw ddinas arall yn yr Alban. Er bod cynlluniau ar gyfer datblygu yn y dyfodol wedi'u cwblhau, mae'n bosib y bydd rhaid aros hyd at 10 mlynedd cyn i'r gwaith datblygu hwnnw ddechrau. Mae **Stalled Spaces Glasgow** yn canolbwyntio ar wneud defnydd dros dro o dir gwag sy'n disgwyl i gael ei ddatblygu a thir agored nad yw'n cael ei ddefnyddio'n llawn. Y nod yw gwella iechyd a lles y gymuned. Mae 22ha o dir eisoes wedi'i ddefnyddio ar gyfer codi campfa werdd/man chwarae/safle ymarfer awyr agored, addysg awyr agored, cynlluniau celfyddydol a cherfluniau dros dro yn ogystal â thraeth trefol ac arddangosfeydd. Yn yr achos hwn, defnyddir y lle sydd ar gael i wella bywydau pobl mewn ardaloedd lle mae cyfyngiadau amgylcheddol a chyfyngiadau cymdeithasol-economaidd yn rhwystrau i wella iechyd.

Yng Nghymru, mae cronfa **Lleoedd Llewyrchus Llawn Addewid: Fframwaith Adfywio Newydd** yn darparu arian llywodraeth Cymru ar gyfer adfywio ym Mhen-y-bont ar Ogwr, Bae Colwyn, Glannau Dyfrdwy, Caergybi, Merthyr Tudful, Port Talbot, Pontypridd, Abertawe, Pont-y-pŵl, Casnewydd a Wrecsam. Yn ychwanegol, mae'r cronfeydd hyn yn ceisio mynd i'r afael â thlodi yn Nhredegar, Rhymni, Grangetown yng Nghaerdydd, Llanelli, Y Rhyl, Caernarfon a'r Barri.

> **Gwaith maes**
>
> Ymchwiliwch i un o'r mentrau hyn a mesurwch ei lwyddiant. Ceisiwch egluro pam mae wedi bod yn gynllun llwyddiannus neu'n gynllun aflwyddiannus. Os ydych chi'n byw neu'n astudio yn un o'r lleoedd hyn yna fe ddylai fod yn bosib gwerthuso llwyddiant y prosiectau sydd wedi derbyn nawdd.

## 'Canol Tref yn Gyntaf' a 'Great British High Street'

Mae adfywio canol trefi wedi canolbwyntio cryn dipyn ar y sector adwerthu. Mae polisïau 'Canol Tref yn Gyntaf' a sefydlwyd yn 2013, yn ymdrechu i ailgyfeirio'r sector adwerthu o'r tu allan i'r dref i ganol y dref. Clustnodwyd yr arian yn benodol ar gyfer adfywio ardaloedd o fewn canol y dref. Gellir defnyddio'r arian ar gyfer datblygu ar ymylon canol y dref os nad oes safleoedd canolog addas ar gael. Ond dangoswyd bod canolbwyntio ar y canol wedi cael effaith negyddol ar siopau cornel bychan a chanolfannau siopa lleol eraill. Nid yw'r polisi chwaith wedi llwyddo i rwystro datblygiadau tu allan i'r dref. Gall rhai prif strydoedd mewn tref fod yn gul neu mewn mannau cyfyng, gan ei gwneud yn anodd i siopau yn y mannau hynny gystadlu â'r rhyngrwyd a mannau adwerthu eraill y tu allan i'r dref. O ganlyniad, mae'r polisi hwn o werth cyfyngedig i drefi o'r fath. Felly, mae rhai cynllunwyr yn argymell y dylid addasu siopau gwag yn gartrefi neu'n swyddfeydd.

Yn 2015 dyfarnodd cystadleuaeth *Great British High Street* wobrau i:

- Northampton, am flaengaredd wrth drawsffurfio siopau'r stryd fawr i gynnwys tai preswyl, creu ardal ddiwylliannol newydd a gwella cyfathrebu digidol.
- Rotherham, am gefnogaeth i fusnesau newydd ac adwerthwyr lleol.

Mae enwau'r enillwyr eraill i'w gweld ar **www.thegreatbritishhighstreet.co.uk**.

## *Datblygiad blaenllaw: King's Cross (ailfrandio ac ailddelweddu preifat)*

Mae'r ardal o amgylch gorsafoedd trên King's Cross a St Pancras wedi ei gwasgu rhwng traciau rheilffordd ac ierdydd trenau, silindrau nwy mawr, warysau a hen adeiladau diwydiannol ar ddaear lygredig, camlas a thai o ansawdd isel o'r bedwaredd ganrif ar bymtheg. Gerllaw, adeiladwyd y Llyfrgell Brydeinig a olygodd symud 2,000 o bobl o'u tai.

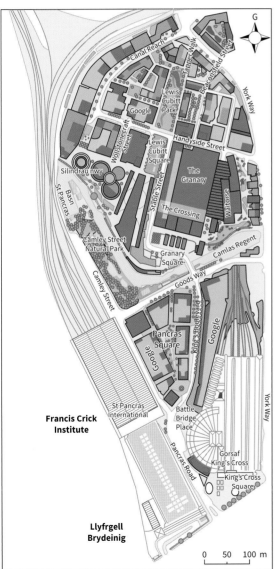

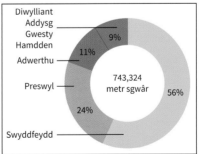

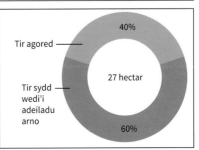

**Ffigur 40** Ardal adfywio King's Cross

Agorodd *Eurostar* yn St Pancras yn 2007, ond arhosodd yr ardal 27.1ha i'r gogledd o'r ddwy orsaf heb ei datblygu, er i ganiatâd cynllunio gael ei roi yn 2006 hyd at 2012, pan gyhoeddodd *Google* y byddai'n symud i'r safle.

Mae Ffigur 40 yn dangos y safle a'r cydbwysedd rhwng y mathau gwahanol o ddefnydd tir. Mae'r adeiladau yn cynnwys nifer o hen adeiladau sydd wedi cael eu hadnewyddu (trawsffurfiwyd *The Granary* yn gartref i brifysgol newydd, sef Prifysgol y Celfyddydau). Mae'r hen silindrau nwy mawr wedi'u clirio i greu lle ar gyfer fflatiau newydd. Bydd 40% o'r safle yn dir agored a'r gweddill yn cynnwys 280,000m² ar gyfer gwaith (swyddfeydd yn bennaf) a 46,500m² at ddefnydd addysg, adwerthu a hamdden. Yn ogystal â hyn bydd 2,000 o gartrefi newydd a neuaddau preswyl i fyfyrwyr yn cael eu hadeiladu. Mae'r cynllun cyfan i'w gwblhau erbyn 2021.

Yr hyn sy'n unigryw am yr ailddatblygiad hwn yw mai cwmnïau preifat sy'n gyfrifol am ddatblygu'r ardal a oedd, cyn hynny, yn eiddo cyhoeddus. Yn aml iawn, datblygwyr preifat, yn hytrach nag awdurdodau lleol, sy'n gyfrifol am ailddatblygu ar raddfa fawr fel hyn, gan ei bod yn haws codi'r cyllid angenrheidiol yn y sector preifat (*gwahaniaeth, globaleiddio, cynrychioli, risg, cynaliadwyedd*).

Ewch i **www.kingscross.co.uk/discover-kings-cross** i weld erthyglau am brosiect King's Cross. Gall y wybodaeth eilaidd hon gynnig enghraifft dda o le gwahanol yn ogystal â chynnig cyfle i chi ddeall y prif gysyniadau. Drwy astudio'r enghraifft benodol hon o ddefnyddio arian preifat i ailddatblygu, bydd modd i chi ddefnyddio'r wybodaeth honno i ddeall enghreifftiau eraill.

■ **Amser:** mae'r safle wedi newid o fod â phwyslais diwydiannol a thrafnidiaeth i fod yn safle o ddefnydd cymysg sy'n cyd-fynd â phatrymau bywyd a gwaith mewn dinas yn yr unfed ganrif ar hugain. Mae'r patrymau hanesyddol wedi cymryd dros 150 o flynyddoedd i ddatblygu, ond gall patrymau heddiw gael eu creu o fewn degawdau.

■ **Lle:** mae'r ardal ddaearyddol hon yn arbennig yn y ffordd mae'r ardal hon wedi datblygu a newid. Gall y safle cyfyng hwn fod yn berthnasol i astudio lleoedd eraill er y byddan nhw'n llai o ran maint y datblygiad. Oes gan y lle hunaniaeth ac os felly, pwy sy'n gyfrifol am greu'r hunaniaeth hwnnw – y datblygwyr, y defnyddwyr neu'r preswylwyr? Ydy'r lle'n adlewyrchu hanes yr ardal dros gyfnod o amser?

■ **Hunaniaeth:** beth yw profiad datblygwyr, defnyddwyr, preswylwyr ac ymwelwyr o'r datblygiad? Beth mae'r lle yn ei olygu iddyn nhw?

■ **Globaleiddio:** effaith cwmnïau byd-eang fel *Google* ar y datblygiad. Mae'r cysylltiadau rheilffordd a'r gwestai rhyngwladol yn dystiolaeth o fyd sy'n cysylltu fwyfwy â'i gilydd.

Mae *Liverpool One* yn cael ei ailddatblygu gydag arian preifat a rheolaeth breifat o'r ardal gyfan, er mwyn creu ardaloedd cyhoeddus ar gyfer 9,000 o fflatiau a lleoliadau adwerthu ar hyd glannau'r Afon Merswy. Y pryder yw na fydd lle i gyfleusterau diwylliannol gan fod y potensial i wneud elw yn llai. Mae *Cabot Circus* ym Mryste, *Canalside* yn Birmingham a *Gunwharf Quays* sy'n wynebu'r harbwr yn Portsmouth, yn brosiectau adfywio preifat eraill y gellid eu hastudio.

## Cronfa Dreftadaeth y Loteri (HLF)

Agorwyd y gronfa hon yn 1994. Mae eu gwefan sef **www.hlf.org.uk** yn rhoi nifer o enghreifftiau o'u cefnogaeth i brosiectau cadwraeth, adnewyddu ac adfywio. Mae'r gronfa'n darparu cyllid ar gyfer chwe maes:

1   Treftadaeth Naturiol a Thir

2   Amgueddfeydd, Llyfrgelloedd ac Archifau

---

### Tasg hunan-astudio

Ewch ati i baratoi nodiadau ar y cysyniadau allweddol sy'n cael eu rhestru isod. Darllenwch ymhellach am gynllun ailddatblygu King's Cross er mwyn casglu mwy o wybodaeth i'ch helpu.

— Cynrychioliad
— Cynaliadwyedd
— Cyd-ddibyniaeth
— Anghydraddoldeb
— Achosiaeth
— Ymlyniad
— Trothwy
— Risg
— Gwahaniaeth
— Ystyr
— Gwydnwch
— Lliniaru
— Yr effaith ar bobl sy'n byw gerllaw ac ar breswylwyr newydd.

3   Adeiladau a Henebion

4   Diwylliant ac Atgofion o'r gorffennol

5   Diwydiannol, Morwrol a Thrafnidiaeth

6   Treftadaeth Gymunedol

Mae nifer o'r cynlluniau sy'n cael eu cefnogi gan Gronfa Dreftadaeth y Loteri yn ymwneud â chadw cymeriad a *hunaniaeth* lle penodol er mwyn gwneud y lle hwnnw'n *gynaliadwy*. Mae'r *risgiau* i adeiladau, cymunedau a thirwedd wedi'u *lliniaru*.

---

### Gwaith maes

Ymchwiliwch i sut mae grant gan Gronfa Dreftadaeth y Loteri wedi effeithio ar le neu leoedd penodol.

---

# Barn grwpiau gwahanol o bobl am hunaniaeth

Erbyn i chi gyrraedd 60 oed, bydd dros 25% o bobl y DU dros 65. Bydd mwy o bobl dros 60 nag o dan 15. Ydy lleoedd yn ystyried goblygiadau'r fath newid enfawr? Mae rhai lleoedd yn ceisio cynnwys pob grŵp oedran, fel Caeredin – a *City for All Ages* – er mwyn sicrhau cynhwysiant economaidd a chymdeithasol llawn i bobl hŷn. Mae gan Joondalup, ger Perth yn Awstralia, raglen *Growing Old – Living Dangerously* (GOLD) i greu amgylchedd sy'n cynnig nifer o weithgareddau corfforol i bobl hŷn. Mae Sefydliad Iechyd y Byd (WHO) wedi rhestru'r ffactorau allweddol hynny sy'n gwneud tref neu ddinas yn gyfeillgar i bobl o bob oed (Ffigur 41). Gallai ymchwilio i'r ffactorau hyn fod yn sail i drafodaeth ar sut mae lle yn newid er mwyn cynnwys pobl o bob oed.

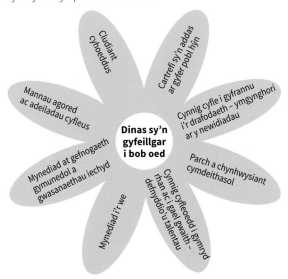

**Ffigur 41** Yr agweddau sy'n gwneud tref neu ddinas yn oed-gyfeillgar

Ar gyfer pob polisi a chynllun i ailfrandio lle, mae angen gofyn 'pwy sy'n elwa a phwy sy'n colli o ganlyniad iddo?' Er mwyn mesur hyn bydd angen paratoi dadansoddiad cost-budd fel sail i weld beth oedd y lles a ddaeth o ganlyniad i'r polisi neu'r cynllun hwn. Mae hyn yn aml yn cael ei alw'n **ddaearyddiaeth les**. Ydy'r polisi'n ffafrio: (a) un grŵp o bobl, (b) busnesau, (c) preswylwyr lleol, (ch) oedolion ifanc, (d) buddsoddwr cyfoethog o'r wlad hon neu dramor, (dd) pobl hŷn, (e) rhai sydd ar incwm isel, (f) y digartref, (ff) cwmnïau amlwladol, neu a allai'r polisïau a'r cynlluniau fod yn niweidiol i fuddiannau'r grwpiau hyn?

Ni fydd pob un o'r rhai sy'n cael eu rhestru'n elwa neu'n colli yn sgil un polisi penodol sydd â'r bwriad o wella amgylchedd ffisegol a chymdeithasol lle. Mae'n bosib ymchwilio i'r effaith ar fywydau rhai o'r grwpiau dan sylw mewn ardal sydd wedi ei hailddelweddu a'i hadfywio. Gallai hynny gynnwys Tyddewi, Grangetown yng Nghaerdydd, Rotherham neu'r Parc Olympaidd yn nwyrain Llundain. Mae Caerlŷr yn ddinas a gafodd gyfle i fanteisio ar ailddelweddu yn sgil ennill yr Uwch Gynghrair (2016), yn ogystal â bod yn lleoliad lle darganfuwyd corff Richard III yn yr eglwys gadeiriol.

## Tasg hunan-astudio

Ceisiwch ateb y cwestiwn: 'Pwy fydd yn elwa o'r digwyddiadau hyn a phwy fydd yn colli?'

## Crynodeb

- Mae ailfrandio ac ailddelweddu lleoedd trefol yn broses barhaus. Mae'n broses bwysig mewn gwledydd datblygedig.
- Gellir ystyried hyrwyddo lle neu leoedd fel ymdrech i hyrwyddo busnes.
- Mae ailddelweddu ffordd o fyw mewn perthynas â chreu adfywiad diwylliannol yn tyfu yn ei bwysigrwydd.

- Mae gan lywodraeth leol rôl bwysig i'w chwarae o safbwynt adfywio.
- Mae ymrwymiad cwmnïau preifat i ailfrandio yn cynyddu.
- Mae'n rhaid barnu llwyddiant a/neu fethiant pob cynllun adfywio ac ailfrandio ar sail pwy sy'n elwa a phwy sydd ar eu colled.

# ■ Rheolaeth drefol a sialensiau parhad a newid

## Effeithiau ailddelweddu ac adfywio ar nodweddion cymdeithasol ac economaidd lleoedd trefol

### Ailddelweddu ac adfywio yw:

'set integredig o weithgareddau sy'n ceisio gwrthdroi dirywiad economaidd, cymdeithasol, amgylcheddol a ffisegol er mwyn cyflawni gwelliant parhaol, mewn ardaloedd lle na fydd grymoedd y farchnad yn gwneud hyn eu hunain heb ryw gefnogaeth gan y llywodraeth'

Llywodraeth Cymru

Mae rhwydweithiau cymdeithasol a thechnoleg wedi trawsnewid ein ffyrdd o gyfathrebu, dysgu, gweithio, defnyddio, mynegi emosiynau, ymwneud â'n gilydd, a chreu a rhannu gwybodaeth. Mae'n anorfod felly fod nodweddion lleoedd yn ymddangos fel petaen nhw'n newid. Bellach, mae aneddiadau wedi newid o fod yn lleoedd ar safle penodol gyda chysylltiadau â lleoedd eraill, i fod yn lleoedd lle mae data a gwybodaeth yn cael eu cyfnewid rhwng pobl, tra bod dyfeisiadau a mannau storio data'n cael eu cynnal gan sefydliadau a chwmnïau.

Ymateb yr *Economist Intelligence Unit (EIU)* i sialensiau bywyd trefol heddiw yw'r astudiaeth fyd-eang **Byw mewn Dinasoedd Diogel** *(Living in Safe Cities)*. Roedd 50 o ddinasoedd yn rhan o'r astudiaeth wnaeth sefydlu pa newidynnau sy'n penderfynu bod tref neu ddinas yn lle diogel. Crynodeb o bedwar mynegrif arall yw'r prif fynegrif, sef: Diogelwch Digidol, Diogelwch Iechyd, Diogelwch Isadeiledd a Diogelwch Personol.

## Gwaith maes

Gellir dod o hyd i'r data a ddefnyddir i asesu os yw dinas yn ddiogel ar http://safecities.economist.com/whitepapers/safe-cities-index-white-paper/. Mae Llundain yn 18fed ar y rhestr gyda Tokyo ar y brig. Yn achos diogelwch personol, caiff ystadegau fel troseddu, gangiau, cyffuriau, diogelwch merched a bechgyn yn ogystal â chanfyddiad pobl o ddiogelwch eu hystyried. Defnyddiwch ddata troseddu neu farn aelodau eraill y dosbarth ynglŷn â diogelwch er mwyn creu map diogelwch personol o le.

Mudiad sy'n rhagweld cydweithio rhwng rheolwyr trefol a chwmnïau technoleg i drefnu prosesau trefol yn fwy effeithlon gyda'r bwriad o wella ansawdd bywyd yw **Dinasoedd Clyfar** *(Smart Cities)*. Y gobaith yw y gall technoleg gwybodaeth reoli cyflenwad egni a dŵr, trafnidiaeth, logisteg, ansawdd yr aer a'r amgylchedd. Mae'n cynnwys chwe maes allweddol wedi'u seilio ar 90 dangosydd mewn 27 maes gwahanol. Mae Ffigur 42 yn rhestru'r dinasoedd mwyaf 'clyfar' ym mhob maes yn 2015 *(cynaliadwyedd)*.

| Economi Clyfar (Luxembourg, Aarhus, Cork, Regensburg, Eindhoven) |
|---|
| Symudedd Clyfar (Eindhoven, Salzburg, Aarhus, Luxembourg, Caerlŷr) |
| Amgylchedd Clyfar (Umeå, Jönköping, Eskilstuna, Montpelier, Jyväskylä) |
| Llywodraethu Clyfar (Jyväskylä, Umeå, Jönköping, Odense, Aalborg) |
| Byw Clyfar (Salzburg, Graz, Innsbruck, Luxembourg, Bruges) |
| Pobl Glyfar (Eskilstuna, Tampere, Aarhus, Oulu, Umeå) |

**Ffigur 42** Chwe maes allweddol sy'n creu Dinas Glyfar a'r pum dinas fwyaf clyfar ym mhob maes.

Sefydlwyd **Rhwydwaith Trefi Trawsnewid** *(Transition Towns Network)* yn 2005. Mae'n pwysleisio'r angen i'r gymuned arwain newid mewn ymateb i gynnydd mewn prisiau egni a newid hinsawdd. Mae trefi trawsnewid yn defnyddio mentrau gwaelod-i-fyny i ddelio â chyflenwad bwyd, trafnidiaeth, egni a chartrefi. Mae Totnes yn Nyfnaint yn un o'r trefi trawsnewid mwyaf blaengar. Wedi'i sefydlu gan grwpiau cymunedol yn 2011, mae Rhwydwaith Trawsnewid Totnes yn hyrwyddo gwariant yn yr economi lleol (**www.transitiontowntotnes.org**). Wrth ystyried gwariant lleol ar fwyd, roedd 66% ohono'n digwydd mewn archfarchnadoedd oedd yn prynu'n fyd-eang. Drwy annog gwario'r un faint ar fwyd yn lleol, byddai'n bosibl creu tair gwaith yn fwy o swyddi. Mae'r effaith luosydd lleol yn dangos bod pob £1 sy'n cael ei gwario gyda chyflenwyr lleol yn arwain at wariant o £1.76 yn yr economi lleol, mewn cymhariaeth â 36c yn unig petai'r un £1 yn cael ei gwario mewn archfarchnad. Hefyd, mae'n bosib annog gwario arian yn lleol drwy greu arian lleol (Punt Totnes). (Mae gan Brixton, Bryste, Lewes a Stroud eu harian eu hunain hefyd) (*cynaliadwyedd*).

> **Gwaith maes**
>
> Un sialens a nodwyd gan y *Grimsey Review* oedd sut i ddelio â gofod gwag uwchben siopau yng nghanol trefi. Gwnewch arolwg o'r gofod uwchlaw siopau i weld faint ohono sy'n wag. Ble mae'r gofod hwnnw wedi'i leoli yn yr ardal adwerthu ganolog?

## Sialensiau parhaus mewn lleoedd trefol o ran adfywio/ailfrandio

### Sialensiau yn sgil prinder neu fethiant adfywio/ailfrandio

Yn 2014, rhestrodd Hall bum sialens ar gyfer ardaloedd trefol yn y DU:

1  **Sicrhau cydbwysedd o fewn yr economi trefol:** mae Ffigur 43 yn dangos sut mae rhai lleoedd wedi croesawu newid tra bod eraill yn fwy araf.

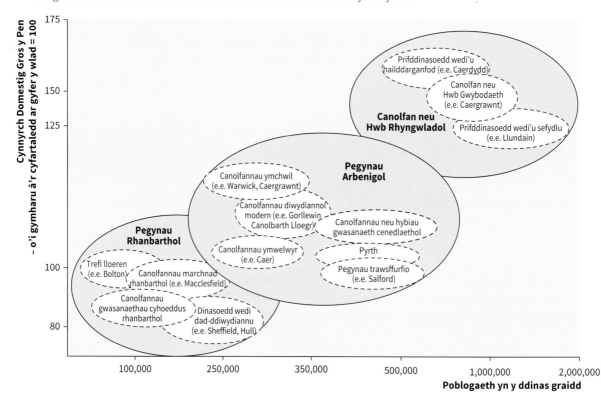

**Ffigur 43** Manteisio ar yr economïau newydd (Dosbarthiad Hall o leoedd)

2 **Adeiladu cartrefi newydd:** ble ddylai tai newydd gael eu hadeiladu, ac ar gyfer pwy? Sut mae gwneud yn siŵr bod safle tir llwyd (*brownfield site*) ar gael ar gyfer codi tai? Mae prinder tai ym Mryste. Yn 2013, clustnododd Comisiwn Cartrefi Bryste (*Bristol Homes Commission*) ddarnau o dir ar gyfer adeiladu tai oedd yn defnyddio tir nad oedd yn cael ei ddefnyddio'n llawn. Er enghraifft, tir ar gyfer hamdden nad oedd yn cael ei ddefnyddio i'w lawn botensial a meysydd parcio oedd wedi'u lleoli gerllaw cymunedau oedd eisoes wedi'u sefydlu.

3 **Cysylltu pobl a lleoedd:** mae'r sialens hon yn dod yn fwy o broblem gan fod fod nifer o leoedd wedi datblygu dros gyfnod hir o amser. Yn aml, mae'r system drafnidiaeth gyhoeddus sy'n cysylltu pobl â'r gweithle wedi'i hadeiladu dros ganrif yn ôl. Felly, mae angen ei diweddaru er mwyn darparu ar gyfer patrymau gwaith newydd (e.e. *Elizabeth Line/Crossrail*). Yn 2013, aeth Adolygiad Armitt ati i edrych ar isadeiledd trafnidiaeth Prydain, gan fod yn rhaid i'r system drafnidiaeth gwrdd ag anghenion pobl. Awgrymwyd y dylai'r awdurdodau gwahanol sy'n ymwneud â thrafnidiaeth gydlynu eu cynlluniau a chreu awdurdodau trafnidiaeth integredig, fel yn achos Llundain (TfL).

   a Cafwyd gwared ar y tramiau ond erbyn heddiw, mae tramffyrdd newydd yn rhan o rwydwaith cludiant effeithlon ym Manceinion, Sheffield a Croydon. Gydag ambell eithriad, ni chafodd trefi a dinasoedd y DU eu hadeiladu ar gyfer y car na hyd yn oed beic.

   b Mae addasu ffyrdd i ddelio â'r nifer cynyddol o gerbydau yn sialens.

   c Mae dinasoedd yn yr Iseldiroedd a Copenhagen ymhlith yr ychydig ddinasoedd sy'n croesawu'r defnydd o feiciau. Yn y DU, mae 43% o'r cartrefi incwm isaf a 66% o'r rhai sydd ar Lwfans Ceisio Gwaith heb y defnydd o gar. Er mwyn iddyn nhw allu elwa ar y twf mewn swyddi yng nghanol y dref mae'n rhaid cael system drafnidiaeth gyhoeddus effeithiol.

4 **Byw gydag adnoddau naturiol sy'n dirwyn i ben:** (Mae Uned 4, Heriau a Dilemâu Egni, yn ymdrin ag egni). Mae byw'n gynaliadwy yn cynnwys yr elfennau canlynol: a) egni cynaliadwy, b) tai cynaliadwy, c) rheoli gwastraff yn gynaliadwy, ch) cyflenwad dŵr cynaliadwy a d) cyflenwad bwyd cynaliadwy. Gall trefoli fod yn hunanol a brwnt. Mae'r rhai sy'n byw mewn dinasoedd yn defnyddio 75% o adnoddau naturiol y blaned.

5 **Ceisio adfer yr hyn sydd wedi'i golli:** ydy'r system gynllunio'n gweithio? Addawodd Cyllideb 2015 £40 miliwn ar gyfer cynllun 'the Internet of Things'. Y bwriad oedd creu lleoedd 'mwy clyfar' a mwy dibynnol ar dechnoleg glyfar (*cynaliadwyedd*).

Mae datblygwyr eiddo, buddsoddwyr a darparwyr cyllid yn disgrifio'r sialensiau sy'n wynebu dinas yn wahanol gan eu bod nhw'n gweld lleoedd fel unedau economaidd sy'n creu ac yn gwario arian. Yn 2012, awgrymodd erthygl yn y *Financial Times* bod angen hwb ar y lleoedd hynny oedd â phrinder busnesau newydd, er mwyn cryfhau'r economi. Cafodd Belfast, Sunderland, Stoke-on-Trent, Mansfield, Abertawe, Hull, Dundee, Barnsley, Plymouth a Wakefield i gyd eu clustnodi fel lleoedd oedd angen cymorth. Er bod Sunderland, Grimsby, Stoke ac Abertawe yn lleoedd lle sefydlwyd nifer o fusnesau newydd, roedd mwy ohonyn nhw'n methu nag yn llwyddo. Dyma drefi neu ddinasoedd a effeithiwyd gan ddad-ddiwydiannu. Cwmni datblygu Jones Lang LaSalle (JLL) oedd yn gyfrifol am nodi tri math gwahanol o ddinasoedd neu drefi, yn seiliedig ar botensial eu perfformiad yn y farchnad eiddo (Tabl 21). Mae'r tabl hefyd yn rhestru'r dinasoedd bywiog, sefydlog neu'r rhai mewn trafferth, yn ôl y grŵp ymchwil *The Centre for Cities* (nad yw'n cynnwys y dinasoedd mwyaf o ran maint).

**Tabl 21** Mathau o drefi/dinasoedd yn ôl Jones Lang LaSalle a *The Centre for Cities*

| Jones Lang LaSalle | | |
| --- | --- | --- |
| **Arweinwyr twf** | **Perfformwyr posibl** | **Disgwyl twf** |
| Brighton | Bournemouth | Bedford |
| Coventry | Caerdydd | Caerlŷr |
| Derby | Luton | Lerpwl |
| Portsmouth | Northampton | Plymouth |
| Reading | Rhydychen | Sheffield |
| Solihull | Peterborough | Abertawe |
| Swindon | Southampton | Efrog |
| | Warrington | |
| **The Centre for Cities** | | |
| **Dinasoedd bywiog** | **Dinasoedd sefydlog** | **Dinasoedd mewn trafferth** |
| Llundain | Bournemouth | Bolton |
| Milton Keynes | Portsmouth | Barnsley |
| Caergrawnt | Northampton | Middlesbrough |
| Reading | Southampton | Hull |
| Crawley | Efrog | Blackburn |
| Rhydychen | Leeds | Penbedw |
| Aldershot | Peterborough | Burnley |
| Bryste | Preston | Stoke-on-Trent |

**Profi gwybodaeth 16**

Amlinellwch fanteision ac anfanteision defnyddio'r gofod uwchben siopau'r stryd fawr.

**Profi gwybodaeth 17**

'Mewn gwirionedd, mae pob dinas, o'r lleiaf i'r mwyaf, wedi'i rhannu'n ddwy: un ddinas ar gyfer y tlawd, y llall ar gyfer y cyfoethog.'

*Gweriniaeth* Plato, 360 cc

I ba raddau mae hyn yn wir heddiw? Lluniwch gynllun ar gyfer eich traethawd 30 munud.

**Cyngor i'r arholiad**

Cynlluniwch eich gwaith ysgrifennu'n ofalus yn yr arholiad – hyd yn oed traethodau byr. Os nad ydych chi'n llwyddo i orffen y traethawd, o leiaf bydd gan yr arholwr gynllun i'w asesu.

Mae pob un o'r dosbarthiadau uchod yn effeithio ar y lle a'r bobl sy'n byw yno. Ydy'r lleoedd hyn yn portreadu eu hunain yn yr un ffordd? Ydy oedran y boblogaeth yn y dinasoedd hyn yn debyg, neu ydy'r dinasoedd sydd mewn trafferth gyda phoblogaeth hŷn ac yn tyfu'n arafach? Fydd canfyddiad person canol oed sy'n byw mewn dinas sydd mewn trafferth yr un peth â pherson o oed tebyg sy'n byw mewn dinas sefydlog neu fywiog?

Yn 2014, nododd Y Sefydliad Cynllunio Trefol Brenhinol (*Royal Town Planning Institute – RTPI*) nad oedd y mwyafrif o ddogfennau'r llywodraeth oedd yn ymwneud â chynllunio i'r dyfodol yn cynnwys mapiau. Canlyniad hyn oedd diffyg dealltwriaeth o ofod a lle. Felly, mae posiblrwydd nad yw polisïau'n cydnabod y rhyng-gysylltiadau a'r cyd-ddibyniaeth sydd rhwng lleoedd na beth yw effaith penderfyniadau ar y lle a'r bobl sy'n byw yno.

Mae gan y Sefydliad Dinasoedd Newydd (*New Cities Foundation*) (www.newcitiesfoundation.org) amrywiaeth o astudiaethau achos sy'n awgrymu sut y gall pobl a lleoedd ymateb i sialensiau'r unfed ganrif ar hugain.

## Gorboethi

Term o faes economeg yw gorboethi sy'n disgrifio ardal lle mae cynnydd mewn galw (yn ein hachos ni, am dai a lle ar gyfer swyddfeydd) yn arwain at gynnydd mewn prisiau, yn hytrach na chynnydd mewn allgynhyrchu. Llundain yw'r astudiaeth achos ddaearyddol glasurol o ddinas â'r potensial i orboethi. Mae 10 gwaith yn fwy o swyddi newydd yn cael eu creu bob blwyddyn yn Llundain nag mewn unrhyw ddinas arall yn y DU. Rhai ffactorau sy'n arwain at orboethi yw:

- **Cyflogwyr newydd:** Yn 2015, agorodd y *Francis Crick Institute*, King's Cross, yn Llundain, sef y ganolfan ymchwil biofeddygol fwyaf yn y byd (Ffigur 40). Mae'n cyflogi

1,500 o staff sydd â chymwysterau uchel o ganlyniad i (a) arbenigedd prifysgolion, (b) yr arbenigedd a'r amrywiaeth o gleifion yn ysbytai Llundain, (c) apêl Llundain fel dinas fyd-eang i wyddonwyr ifanc a (ch) yr arbenigedd ariannol a chyfreithiol sydd angen i gefnogi sut i droi'r ymchwil yn weithgaredd masnachol. Dyma un enghraifft yn unig o ddiwydiant cwaternaidd yn cynyddu'r galw am am fwy o le.

■ **Safleoedd tir llwyd** *(brownfield sites)***:** Bydd tua 10.1ha o dir White City ar gael yn fuan fel safle ar gyfer creu hwb ymchwil newydd ar gyfer Coleg Imperial. Ond, mae'n anodd dod o hyd i safleoedd ar gyfer cynlluniau eraill. Mae Shoreditch, Hackney, Stratford a'r ardal i'r de o'r Tafwys yn cael eu datblygu'n gyflym ar gyfer gweithgareddau newydd.

## Anfanteision

■ **Tai:** Mae'n sialens darparu tai yn sgil y twf yn y boblogaeth (mae 2,000 o bobl newydd yn cyrraedd Llundain bob wyth diwrnod). Weithiau, prin yw cymwysterau rhai o'r bobl sy'n symud i mewn, ac mae'r un peth yn wir hefyd am nifer o'r rhai sydd wedi byw yn Llundain ers amser maith. Mae 12% o bobl Llundain yn byw mewn tai sy'n orlawn. Mae angen 42,000 o gartrefi newydd y flwyddyn am ddegawd yn y ddinas, nid yn unig ar gyfer y gweithlu cynyddol ond oherwydd bod maint teuluoedd wedi cynyddu o 2.35 yn 2001 i 2.47 yn 2011. Mae prisiau tai wedi bod yn codi hyd at 10% y flwyddyn, o gymharu â lleoedd tu allan, sydd wedi gweld cynnydd o 3.1%. Felly, er mwyn sicrhau tŷ mae rhai'n cael eu gorfodi i gymudo o ardaloedd pellach i ffwrdd yn ne-ddwyrain Lloegr a thu hwnt. Mae prinder tai, y cynnydd sydyn mewn prisiau tai yn ogystal â phrynwyr tramor cyfoethog yn prynu eiddo fel buddsoddiad, wedi arwain at brinder tai fforddiadwy yn Llundain.

■ **Isadeiledd trafnidiaeth:** Mae'r rhwydwaith drafnidiaeth o dan straen, a hynny er gwaethaf adeiladu *Crossrail* a chwblhau'r *Orbirail* sy'n amgylchynu Llundain. Mae'r galw am ehangu meysydd awyr eto'n ganlyniad i economi sy'n gorboethi yn ogystal â chyfoeth y gymdeithas. Mae prosiectau fel Crossrail wedi arwain at gynnydd mewn prisiau tai gerllaw'r gorsafoedd.

■ Ymateb pellach i economi sy'n gorboethi yw'r cynnydd mewn swyddi i ferched, gan alluogi mwy ohonyn nhw i dderbyn swyddi uwch. Yn 2015, dim ond 6% o swyddi fel prif weithredwr neu fel aelod o fwrdd rheoli cwmni oedd yn ferched.

'Diversity means businesses employ a true meritocracy, so that the best succeed, regardless of gender, race, sexuality or nationality.'

Fiona Woolf, Arglwydd Faer Llundain, 2013

Eto i gyd, yn Llundain mae rhai o ardaloedd mwyaf difreintiedig y DU.

■ **Draen doniau:** Mae rhai'n credu bod gorboethi yn Llundain yn sugno talent o weddill y DU. Mae cwmnïau sydd wedi sefydlu yn Llundain yn rheoli economïau dinasoedd y tu hwnt i'r brifddinas. O ganlyniad, mae dinasoedd eraill yn tanberfformio. Caiff yr 'elît metropolitanaidd' eu beirniadu'n aml yn y cyfryngau, gan adlewyrchu'r gofid bod Llundain yn gorboethi'n economaidd, gwleidyddol a chymdeithasol (*gwahaniaeth, anghydraddoldeb, gwydnwch, risg*).

■ **Dinasoedd a threfi sy'n tyfu'n gyflym** yw'r canolfannau hynny sy'n perfformio'n dda ar sawl dangosydd, gan gynnwys Caergrawnt, Milton Keynes, Norwich, Rhydychen a Swindon. Mae economi'r trefi hyn yn gadarn a chynhyrchiol gan greu dros £3,000 y gweithiwr. Mae'r lleoedd hyn yn ddeniadol fel lleoedd i fyw, er bod anfanteision fel tagfeydd traffig, prinder tai a thai anfforddiadwy. Problem arall yw pobl sydd heb gymwysterau yn ei chael yn anodd i ddod o hyd i swydd.

**Cyngor i'r arholiad**

Gwnewch yn siŵr bod gennych ddigon o enghreifftiau eraill o gwmnïau sy'n ehangu ac yn cyfrannu at orboethi. Yn aml, mae'n werth cael dwy enghraifft, er mwyn dangos ehangder eich gwybodaeth.

> **Tasg hunan-astudio**
>
> Mae'r pwyntiau uchod yn cyfeirio at Lundain a Chaergrawnt. I ba raddau mae'r ffactorau sydd i'w gweld yn Llundain a Chaergrawnt yn berthnasol i'ch ardal drefol chi? Oes ffactorau tebyg yn effeithio ar ardaloedd eraill sy'n gorboethi, fel San Francisco a Dyffryn Silicon?

## Arwahaniad ac anghydraddoldeb

Mae arwahaniad (*segregation*) cynyddol wedi bod yn nodwedd o ddinasoedd yn UDA yn ystod yr ugeinfed ganrif, a bellach, mae'n nodwedd gynyddol amlwg mewn dinasoedd yn y DU. Mae anghydraddoldeb mewn dinas fawr heddiw yn dod yn fwy a mwy amlwg, o ganlyniad i dwf y diwydiannau cwaternaidd a'r gwasnaethau cyfreithiol â'u cyflogau uchel. Wrth i faint y ddinas gynyddu, felly hefyd yr anghydraddoldeb. Mor gynnar â'r 1840au, nododd Engels yr anghydraddoldeb oedd yn bodoli mewn ardaloedd diwydiannol ym Manceinion. Sylwodd Disraeli hefyd ar y ffaith fod dwy genedl ym Mhrydain, sef y tlawd a'r cyfoethog. Proses sy'n digwydd dros gyfnod o amser yw arwahaniad gofodol. Mae'n cynnwys:

- **crynhoad:** grwpiau cymdeithasol a hiliol tebyg yn dod at ei gilydd
- **goresgyniad:** grwpiau tebyg i'w gilydd yn symud i mewn i ardal
- **olyniaeth:** un grŵp yn cael ei ddisodli gan grŵp arall sy'n symud i mewn, e.e. Somaliaid yn cymryd lle pobl Affro-Caribïaidd
- **ffoi:** pobl yn gadael lle gan fod eraill yn symud i mewn i'r ardal honno. Yn ôl y grŵp ymchwil *Demos*, rhwng 2001 a 2011, symudodd dros 620,000 o bobl allan o Lundain wrth i'r boblogaeth gynyddu o dros filiwn.

### *Mathau o arwahaniad*

- **Ethnig:** crynhoad grwpiau ethnig lleiafrifol, e.e. poblogaeth amlhiliol yn ardal Lozells yn Birmingham; pobl o Bangladesh yn Tower Hamlets, Llundain.
- **Dosbarth:** crynhoad grwpiau penodol o ran enillion a chyflogaeth.
- **Cylch bywyd:** grwpio pobl mewn ardaloedd penodol ar gyfnodau penodol o'u bywydau. Yn Llundain, mae yn Hoxton a Clapham grynhoad uwch na'r cyfartaledd o bobl sengl, tra bod yn Richmond-upon-Thames gyfran uwch na'r cyfartaledd o bobl hŷn.
- **Ffordd o fyw:** er enghraifft, ardaloedd myfyrwyr, neu ardaloedd hoyw a lesbiaidd fel Castro, San Francisco a Canal Street, Manceinion.
- **Ieithyddol:** yn aml yn gysylltiedig â'r mathau eraill, e.e. dydy rhai merched Mwslimaidd yn y DU ddim yn gallu siarad Saesneg.
- **Crefyddol:** pobl o'r un grefydd yn crynhoi mewn un man dros gyfnod o amser, e.e. Belfast.

Daw'r enghreifftiau hyn i gyd o Cheshire & Umberti (2014) *London: The Informational Capital (Particular Books)*, sy'n cynnwys nifer o fapiau sy'n dangos gwahanol fathau o arwahaniad.

### *Ffactorau sy'n achosi arwahaniad preswyl*

- **Y gallu i dalu am dai i'w prynu neu rentu:** Mae hyn yn digwydd o ganlyniad i anghydraddoldeb incwm. Yn ôl Sefydliad Joseph Rowntree, mae anghydraddoldeb incwm ar ei uchaf yn Llundain ond mae hefyd yn uchel mewn trefi a dinasoedd eraill, e.e. Reading, Bracknell, Guildford a Watford.

- **Prinder tai:** Prinder tai ar gyfer pobl ifanc neu dai cymdeithasol/eiddo cymdeithasau tai ar gyfer teuluoedd incwm-isel.
- **Ceidwaid:** Landlordiaid, gwerthwyr tai, banciau, cwmnïau morgais a 'banc Mam a Dad'. Drwy godi rhenti (yn aml yn flynyddol) gall landlordiaid newid y gymdogaeth yn gymdeithasol. Caiff rhenti eu gosod ar lefelau sy'n cael eu dylanwadu gan y galw, a'r lefelau hynny naill ai'n rhwystro neu'n denu rhai grwpiau cymdeithasol. Caiff morgeisi eu dyfarnu ar sail y gallu i dalu'r blaendal a'r ad-daliadau misol. Gall rhieni mwy cyfoethog helpu gyda blaendaliad er mwyn galluogi eu plant i fyw mewn ardaloedd mwy deniadol, neu i gael troed ar yr ysgol er mwyn byw yn y gymdogaeth fwyaf addas ar eu cyfer.
- **Galw am dai:** Mewn rhai lleoedd, achosir hyn gan foneddigeiddio sydd, er enghraifft, yn gwthio Llundeinwyr i'r bwrdeistrefi allanol a thu hwnt. Mae buddsoddwyr o dramor hefyd yn codi lefel y galw am dai yn Llundain, er yn gadael yr eiddo'n wag.
- **Theori bygythiad:** Mae arwahaniad yn cael ei achosi'n aml naill ai gan fygythiad go iawn neu ganfyddiad o fygythiad i ffordd o fyw. Yn aml, mae'r cyfryngau'n gallu hybu'r syniad o fygythiad trosedd neu derfysg ym meddyliau pobl. Gall y bygythiad hwn gadw rhai pobl draw o ardal benodol tra bod eraill yn cael eu denu gan brisiau tai is.
- **Dibrisio gweithwyr:** O ganlyniad i ddad-ddiwydiannu mae gweithwyr yn gorfod cystadlu am swyddi â phobl sydd wedi derbyn mwy o addysg neu â mewnfudwyr o grwpiau ethnig eraill.
- **Polisïau llywodraeth tuag at ddarparu catrefi i fewnfudwyr:** Mae ffoaduriaid ac ymgeiswyr lloches wedi sefydlu mewn trefi a dinasoedd, e.e. Kosoviaid yn Croydon a Somaliaid yng Nghaerdydd. Mae'r llywodraeth hefyd wedi penodi ardaloedd arbennig er mwyn darparu cartrefi i geiswyr lloches. Mae hyn wedi arwain at dwf cymunedau o ffoaduriaid mewn lleoedd fel Bolton, Portsmouth, Rotherham ac Abertawe.
- **Polisïau llywodraethau'r gorffennol:** Arweiniodd polisïau llywodraethau'r gorffennol yn adeiladu stadau cyngor (cartrefi cymdeithasol bellach) at wthio teuluoedd incwm isel i stadau ymylol. Er gwaethaf y cynllun 'hawl-i brynu', mae nifer o'r ardaloedd hyn yn parhau i gael eu dibrisio.
- **Grwpiau o fewnfudwyr:** Mae mewnfudwyr yn aml yn crynhoi yn yr ardal gyntaf iddyn nhw ei chyrraedd, cyn symud i ardaloedd eraill dros gyfnod o amser. Mae hen gapel Cymraeg yn Mile End Road, Llundain, yn cynrychioli clwstwr o fudwyr o Gymru a symudodd yno'n ystod y bedwaredd ganrif ar bymtheg. Mae pobl o Bangladesh yn clystyru yn Tower Hamlets ac yn draddodiadol i'r fan hyn maen nhw'n dod i fyw. Daw teulu a ffrindiau i'r un gymdogaeth wedyn – proses y cyfeirir ati'n aml fel mudo cadwyn (*chain migration*).
- **Teuluoedd cyfoethog:** Ardaloedd sy'n denu pobl fwy cyfoethog. Mae Cynnyrch Domestig Gros (GDP) uchel y pen yn dangos cyfoeth yr ardal honno.
- **Datblygu eiddo:** Gall codi tai sydd wedi'u hamgylchynu gan waliau a giatiau greu ofn.
- **Polisïau 'cymdeithasol' yn y gorffennol – canlyniadau annisgwyl:** Yn ôl yr Athro Danny Dorling o Brifysgol Rhydychen, mae cyfres o bolisïau i ddelio ag anghydraddoldeb yn ystod ail hanner yr ugeinfed ganrif wedi arwain at fwy o anghydraddoldeb ac arwahaniad. Mae gwell addysg yn ystod yr ugeinfed ganrif wedi arwain at fwy o ddynion a merched yn ennill cymwysterau uwch. Yn ei dro, mae hyn wedi creu arwahaniad rhwng pobl sydd naill ai wedi, neu heb dderbyn addysg uwch. Nhw bellach yw'r elît newydd. Yn ystod yr 1960au, roedd cyflogaeth lawn yn golygu bod pawb yn derbyn cyflog. Ond, arweiniodd cyflogaeth lawn at ostyngiad yng nghyflogau'r rhai oedd mewn swyddi sgiliau is, a chynnydd yng nghyflogau'r rhai mewn swyddi

sgiliau uwch. Dyma oedd cychwyn allgau cymdeithasol wrth i'r cyfoethog allu prynu mwy tra bod y rhai mewn tlodi'n prynu llai.

Cynyddodd y rhagfarnau yn erbyn y rhai llai ffodus ar sail eu teuluoedd, eu gallu, lleoliad eu cartref a'u safle yn y farchnad lafur. Dyma atgyfnerthu arwahaniad. Mae cyfoeth wedi arwain at drachwant am gyflogau uwch eto er mwyn galluogi pobl i fyw bywyd sy'n cyfateb i'w statws. Er enghraifft, mae bancwyr neu gyfreithwyr yn dymuno byw yn y maestrefi mwyaf dymunol mewn dinas. Canlyniad anffodus hyn yw bod rhai wedyn yn cael eu gorfodi i fyw mewn cyflwr o anobaith, o bosib mewn tai gorlawn heb y cyfleusterau angenrheidiol. Y rhai sy'n dioddef fwyaf o arwahaniad yw'r rhai sy'n gorfod byw ar y stryd neu sy'n gorfod defnyddio'r banciau bwyd.

> **Tasg hunan-astudio**
>
> Ymchwiliwch i bwysigrwydd cymharol y ffactorau hyn yn eich tref chi, gan ddefnyddio data cyfrifiad 2011 ar gyfer y wardiau gwahanol. Gall y data hwn roi darlun gwerthfawr iawn i chi o gyfansoddiad cymdeithasol ardaloedd gwahanol.

## Sut mae'n bosib lleihau arwahaniad ac anghydraddoldeb mewn lleoedd?

'Yn ddaearyddol, gyda phob blwyddyn sy'n pasio, mae ble rydych chi'n byw yn dod yn bwysicach.'

Danny Dorling, *Injustice*, 2010

Yr anghydraddoldeb mewn incwm a chyfoeth yw'r 'bygythiad mwyaf sy'n wynebu cymdeithas heddiw' ac mae'n brif achos arwahaniad. Hwn ydy sail arwahaniad. Mae arwahaniad yn pwysleisio gwahaniaethau rhwng lleoedd ar lefel cymuned neu ar lefel leol. Gall pobl o fewn ardaloedd sy'n wahanol deimlo ymlyniad wrth ardal gan ymateb yn gryf iawn os bydd y *status quo* yn cael ei fygwth. Felly, mae polisïau sy'n ymdrin ag arwahaniad yn cynnwys elfen o risg a lliniaru. Cyfrifoldeb llywodraethau lleol a chenedlaethol sydd â chymhelliad gwleidyddol yw'r polisïau hyn.

Un peth sy'n siŵr, bydd polisïau sy'n effeithio ar yr ardaloedd hyn yn amrywio yn ôl ideoleg wleidyddol y rhai sy'n llywodraethu a/neu gwmnïau preifat adeg gweithredu'r polisi hwnnw. Arweiniodd adeiladu stadau tai cymdeithasol yn y ganrif ddiwethaf at arwahanu rhai pobl a'u symud i'r cyrion. Symudwyd eraill i fflatiau uchel yng nghanol y ddinas. Canlyniad hyn oedd achosi problemau cymdeithasol, er enghraifft, y terfysgoedd yn Tottenham ac ym maestref Grigny, Paris. Ymateb yr unfed ganrif ar hugain yw chwalu'r fflatiau uchel a chodi tai teras traddodiadol yn eu lle, gan roi'r hawl i brynu i'r trigolion. Beth yw'r ffordd orau o leihau'r problemau sy'n gysylltiedig ag arwahaniad ac anghydraddoldeb? Dyma restr o atebion posibl (nid mewn unrhyw drefn benodol).

1 Polisïau sy'n mynd i'r afael â'r ffaith bod mwy o bobl yn byw mewn tlodi wrth i nifer y cyfoethog gynyddu.

2 Polisïau cynllunio sy'n sicrhau bod tai newydd sy'n cael eu codi hefyd yn cynnwys tai cymdeithasol a thai i brynwyr tro cyntaf (*starter homes*).

3 Mae **damcaniaeth cyswllt** (*contact hypothesis*) yn dweud bod llai o ddrwgdeimlad rhwng pobl mewn ardaloedd lle mae amrywiaeth ethnig ar ei uchaf.

**4** Cyfreithiau i atal gwahaniaethu yn y farchnad rhentu tai. Yn y gorffennol, yn enwedig felly yn yr 1960au, byddai arwyddion yn cael eu gosod yn ffenestri ac ar ddrysau tai yn dweud yn glir pwy allai rentu, a hynny ar sail cenedligrwydd a lliw croen.

**5** Cafodd polisïau budd-daliadau eu cynllunio'n wreiddiol i leihau anghydraddoldeb.

## Tasg hunan-astudio

### Crynodol

Mae Ffigur 44 yn addasiad ar fodel Robson sy'n dangos ardaloedd cymdeithasol trefol (1975). Cafodd y model ei addasu i ddangos lleoedd trefol heddiw. Ewch ati o baratoi rhestr o'r sialensiau sy'n wynebu pob un o'r ardaloedd yn y model dychmygol hwn. Sut mae'r ardaloedd yma'n cael eu cynrychioli? Sut maen nhw'n newid? Beth yw'r polisïau a'r dylanwadau sy'n arwain at y newid yma?

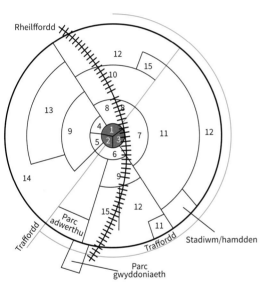

**Allwedd**

● CBD

1 Swyddfeydd/gweinyddu
2 Hamdden
3 Adwerthu
4 Ardal ganolog wedi cael ei hadfywio/boneddigeiddio
5 Fflatiau myfyrwyr
6 Safle tir llwyd (*brownfield*) – hen ardal ddiwydiannol
7 Tai rhent preifat (statws isel)
8 Adeiladau uchel yng nghanol y ddinas
9 Tai perchennog preswyl wedi'u codi rhwng y ddau ryfel
10 Tai Cyngor wedi'u codi rhwng y ddau ryfel byd – bellach yn dai perchennog preswyl/tai ar rent
11 Stad o dai cyngor wedi'u codi ar ôl 1950
12 Tai perchennog preswyl modern
13 Tai perchennog ar wahân (statws uwch)
14 Tai modern (statws uwch)
15 Stad ddiwydiannol/parc adwerthu

**Ffigur 44** Strwythur ardal drefol yn yr unfed ganrif ar hugain

### Cyngor i'r arholiad

Cofiwch beidio â defnyddio na chyfeirio at fodel Burgess o strwythur ardal drefol gan ei fod bellach bron yn ganrif oed.

## Crynodeb

- Mae mudiadau fel 'Dinasoedd Diogel' (*Safe Towns*) a Rhwydwaith Trefi sy'n Trawsnewid (*Transition Towns Network*) yn ymdrech i newid bywyd cymdeithasol ac economaidd lleoedd trefol.
- Er gwaethaf ymdrechion y rhai sy'n ailfrandio ac ailddelweddu lleoedd, mae sialensiau'n parhau.
- Mae sialensiau'n wynebu trefi a dinasoedd sy'n rhy llwyddiannus yn sgil gorboethi economaidd a'r newidiadau cymdeithasol sy'n digwydd o'r herwydd.

- Gyda llwyddiant economaidd lleoedd trefol, mae arwahaniad gofodol ac anghydraddoldeb wedi cynyddu.
- Mae mesurau i leihau anghydraddoldeb ac arwahaniad gofodol yn ddibynnol ar bolisïau'r llywodraeth. Gall rhai ohonyn nhw arwain at ganlyniadau anfwriadol.
- Oherwydd esblygiad dros amser, mae pob ardal mewn tref neu ddinas yn wynebu sialensiau. Mae'n bosib astudio'r rhain fel rhan o astudiaethau gwaith maes.

# Cwestiwn ac Ateb

## Ynglŷn â'r adran hon

Mae'r cwestiynau yn yr adran hon yn debyg i'r math o gwestiynau fydd yn cael eu cynnwys yn y papurau arholiad. Yn dilyn bob cwestiwn, mae sylwadau'r arholwr, sy'n cynnig rhywfaint o arweiniad ynglŷn â sut mae dehongli'r cwestiynau. Ar gyfer cwestiynau UG, mae'r nifer o linellau a fydd yn cael eu rhoi yn y llyfryn ateb wedi'u nodi er mwyn rhoi syniad o'r manylder sydd eisiau ar gyfer bob ateb. Mae atebion myfyrwyr wedi'u cynnwys hefyd, gyda sylwadau manwl gan yr arholwr ar gyfer bob ateb sy'n cyfeirio at gryfderau a gwendidau yn ogystal â'r marciau posibl. Rhoddir crynodeb terfynol hefyd sy'n nodi'r marc a'r radd.

Pan fydd yr arholwr yn darllen eich gwaith bydd yn defnyddio grid bach yn nodi'r uchafswm o farciau posib ar gyfer bob Amcan Asesu (AA) (tudalen 7). Dangosir y grid hwn yn yr adran nesaf gyda'r cwestiynau. Bydd y system farcio swyddogol yn cynnwys awgrymiadau ynglŷn â'r cynnwys, arweiniad marcio, a bandiau pan fydd y cyfansymiau marciau'n uwch na 5. Does dim modd awgrymu pa radd fydd ateb yn sicrhau, gan nad yw'r ffiniau wedi'u pennu eto.

## Cwestiwn 1

ⓔ Mae'r cwestiwn hwn yn profi eich gallu i ddehongli ac egluro graff ac mae'r traethawd yn cynnig cyfle i edrych ar gyflogaeth mewn lleoedd.

Mae Ffigur 1 yn dangos diweithdra yn 2015 (%) a'r incwm wythnosol ar gyfartaledd (£) yn 2016. Lluniwyd y graff o'r data sydd i'w weld yn Nhabl 2.

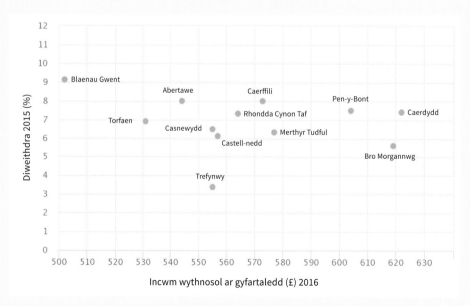

**Ffigur 1** Graff yn dangos diweithdra yn 2015 (%) a'r incwm wythnosol ar gyfartaledd (£) yn 2016.

**(a)** **i** Mae Ffigur 1 yn dangos incwm wythnosol ar gyfartaledd yn 2016. Mae hefyd yn edrych ar y ganran o'r boblogaeth oedd yn ddi-waith yn 2015 mewn awdurdodau lleol yn Ne Cymru.

Disgrifiwch y patrwm sy'n cael ei ddangos ar y graff.

(3 marc)

| Disgrifiwch y patrwm sy'n cael ei ddangos gan y graff. | AA1 | AA2.1a | AA2.1b | AA2.1c | AA3.1 | AA3.2 | Cyfanswm |
|---|---|---|---|---|---|---|---|
| | | | | | 3 | | 3 |

**ii** Awgrymwch DDAU ffactor a allai egluro'r berthynas a ddangosir yn Ffigur 1.

(5 marc) (8 llinell)

| Awgrymwch DDAU ffactor a allai egluro'r berthynas a ddangosir yn Ffigur 1. | AA1 | AA2.1a | AA2.1b | AA2.1c | AA3.1 | AA3.2 | Cyfanswm |
|---|---|---|---|---|---|---|---|
| | | | | 5 | | | 5 |

**(b)** Eglurwch rai o'r newidiadau sydd wedi digwydd yn ddiweddar yng nghanol trefi a dinasoedd.

(8 marc)

| Eglurwch rai o'r newidiadau sydd wedi digwydd yn ddiweddar yng nghanol trefi a dinasoedd. | AA1 | AA2.1a | AA2.1b | AA2.1c | AA3.1 | AA3.2 | Cyfanswm |
|---|---|---|---|---|---|---|---|
| | 5 | | | 3 | | | 8 |

## Ymgeisydd A

**(a)** **i** Mae'r graff yn dangos manylion y di-waith ac incwm wythnosol. Blaenau Gwent sydd â'r nifer fwyaf o bobl ddi-waith a Chaerdydd sydd â'r incwm uchaf. Mae Mynwy yn ymddangos yn wahanol gan fod yr ardal y tu allan i'r gweddill.

*Copi o'r hyn sydd ar y ddwy echelin yw'r frawddeg gyntaf. Mae'r ail frawddeg ond yn nodi'r wybodaeth sydd yno eisoes. Dylai'r disgrifiad o ardaloedd Blaenau Gwent a Mynwy fod wedi nodi eu bod yn wahanol i'r gweddill ac ar wahân. Bydd yr arholwr yn chwilio am ddatganiad disgrifiadol mwy cynhwysfawr ar gyfer y graff. (1 marc)*

**ii** Mae Caerdydd yn lle pwysig o safbwynt gwaith yn ogystal â bod yn brifddinas Cymru. Mae cyflogau'n isel a diweithdra'n uchel yn ardal Blaenau Gwent felly dyna pam mae'r lleoliad i'r chwith o Gaerdydd.

*Er bod yr ateb hwn yn cynnig cliwiau i'r rhesymau, mewn gwirionedd, nid yw'n dangos bod yr ymgeisydd wedi deall y rhesymau'n llawn. Dim ond cyfeirio at ddau le y mae'r ateb, felly heb drafod y berthynas gyfan. Roedd angen i'r ateb nodi'r ffactorau sy'n perthyn i fwy na'r ddau le sy'n cael eu henwi. (2 farc)*

**(b)** Byddaf yn rhestru'r newidiadau sydd wedi digwydd yn Southampton yn ogystal ag yn egluro rhesymau dros y newid.

Y newid cyntaf oedd sefydlu canolfan siopa West Quay. Mae hon yn ganolfan siopa dan do fawr sy'n cynnwys nifer o siopau, yn enwedig siopau ar gyfer merched a *John Lewis*, gyda digon o le i barcio ceir. Dros y ffordd i'r ganolfan siopa mae siopau eraill fel *IKEA*, *Halfords* a *JD Sports*. Mae'r siopau hyn i gyd gerllaw'r Stryd Fawr a enwir yn Above Bar. Mae'r safle hwn wedi'i gynllunio i geisio gwneud canol y ddinas yn fwy deniadol gan nad oedd pobl yn ymweld â chanol y ddinas bellach, ond yn hytrach yn aros mewn canolfannau siopa fel *Hedge End* sydd y tu allan i ganol y dref.

Yr ail newid sydd wedi digwydd yw'r defnydd o rannau o ganol y ddinas fel lleoliadau ar gyfer cynnal marchnadoedd – newid a astudiais ar gyfer fy ngwaith maes. Mae Marchnad Ffermwyr, marchnad gyffredinol a marchnad arbenigol yn cael eu cynnal yno. Mae'r rhain i gyd yn denu pobl sy'n byw yn y ddinas i ymweld â chanol y ddinas.

Y trydydd newid sydd wedi digwydd yw bod mwy o gyfleusterau hamdden ar gael. Mae gwestai newydd, clybiau a maes pêl-droed wedi sefydlu ychydig y tu allan i'r canol. Adeiladwyd gwestai hefyd ar gyfer y rhai sy'n aros cyn cychwyn ar fordaith.

Yn olaf, mae hosteli myfyrwyr wedi cael eu hadeiladu yng nghanol y dref ar gyfer dwy brifysgol. Mae rhai o'r rhain yn cynnwys campfeydd hefyd. Cafodd rhain eu hadeiladu oherwydd bod nifer y myfyrwyr wedi cynyddu a'u bod nhw'n hoffi byw yng nghanol y dref yn hytrach na byw mewn tai o Oes Victoria.

Mae siopa, marchnadoedd, hamdden a myfyrwyr wedi newid Southampton.

*Bydd y traethawd byr hwn yn derbyn dau farc. Bydd un marc yr un ar gyfer y ddau AA. Bydd y marciau hyn allan o 5 marc a 3 marc.*

**AA1 Dangos gwybodaeth a dealltwriaeth o newidiadau yng nghanol dinasoedd ac achosion newid.**

*Er mai ond un ddinas sydd wedi'i disgrifio, mae'n ymddangos bod yr ateb wedi'i seilio ar rywfaint o waith maes. Mae'n dangos gwybodaeth rannol gyda rhywfaint o fanylder a dealltwriaeth amrywiol o newidiadau mewn canol dinas. Trafodir 4 newid, 3 mewn mwy o fanylder. Mae'r enghreifftiau sy'n sôn am adwerthu yn rhai manwl. Mae'r ateb yn haeddu 4 marc.*

**Cymhwyso (AA2.1c) i werthuso drwy asesu'r esboniadau cymharol am y newidiadau a'u pwysigrwydd mewn cymhariaeth â'i gilydd yn ogystal â lleoedd gwahanol.**

*Mae'r ateb yn cymhwyso gwybodaeth a dealltwriaeth yn rhannol drwy egluro gwahanol fathau o newid. Mae hyn yn cael ei gefnogi gan ychydig o dystiolaeth addas. Ond, nid yw wedi ehangu ar y wybodaeth yn y paragraffau i gyd. Byddai'r ateb hwn yn ennill 2 farc.*

**e** **Cyfanswm 9/16 marc**

## Ymgeisydd B

**(a) i** Mae'r graff yn dangos bod Blaenau Gwent yn eithriad ar y ddwy raddfa. Yr economi hynaf yw'r economi sydd â'r nifer mwyaf o bobl yn ddi-waith. Mae gan Gaerdydd ddwy brifysgol ac mae'n fwy cyfoethog. Mae gan yr ardaloedd mwy gwledig, fel Bro Morgannwg a Mynwy, ganrannau isel o bobl sy'n ddi-waith.

*Er bod yr ateb yn cyffwrdd â'r ateb ar gyfer (a) ii mae'r ateb hwn yn dangos patrymau o ran incwm uchel a chanrannau isel o bobl ddi-waith. Mae'r ateb yn werth 3 marc.*

**ii** Fel y nodais yn fy ateb blaenorol, mae gan nifer o leoedd, fel Caerdydd, brifysgolion. Maen nhw hefyd yn lleoliadau ar gyfer swyddi modern. Ychydig o swyddi felly sydd i'w cael mewn ardaloedd glofaol fel Blaenau Gwent a Thorfaen. Mae mwy o bobl ddi-waith neu bobl â llai o gymwysterau'n byw yno.

*Mae'r ateb hwn yn nodi pwyntiau am y math o gyflogaeth a rôl prifysgolion. Roedd yr arholwr yn derbyn y datganiad yn (a) i oherwydd bod yr ymgeisydd wedi cydnabod y datganiadau hynny. Mae peth cefnogaeth i'r datganiad yn cael ei roi o'r graff. Mae'n werth 3 marc.*

**(b)** Mae canol dinasoedd a threfi yn newid ymhob ardal drefol. Mae cyflymder y newid yn gwahaniaethu o un dref i'r llall. Rwyf wedi diffinio canol y ddinas fel y CBD a'r ardaloedd o'i amgylch.

Mae pobl yn symud 'nôl i ganol dinasoedd – proses a elwir yn ail-drefoli. Mae nifer o dai newydd yn cael eu hadeiladu'n agos i'r canol, ar dir diwydiannol neu mewn ardaloedd lle roedd dociau'n arfer bod. Mae'r datblygiadau hyn, fel Bae Caerdydd, yn apelio at yr ifanc a'r cefnog, ac mae'n nhw'n rhan o broses boneddigeiddio.

Mae canol nifer o ddinasoedd yn cael eu hailddatblygu. Mae'r ailddatblygu, yn aml, ar gyfer y sector adwerthu, fel y gwelir yng nghanolfan Arundale ym Manceinion a Dewi Sant 2 yng Nghaerdydd. Cafodd y canolfannau hyn eu codi oherwydd bod cyngor y ddinas eisiau cadw'r canol yn ddeniadol i bobl. Mae hen swyddfeydd banciau hefyd yn cael eu hailddatblygu fel ardal siopa a thai bwyta tra bod ardaloedd eraill, fel Stryd y Frenhines yng Nghaerdydd, yn dirywio.

Mae ardaloedd hamdden wedi datblygu yng nghanol dinasoedd gan fod arian gan bobl i wario ac maen nhw eisiau mynd i glybio. Mae Stadiwm y Principality yng Nghaerdydd yn lleoliad perffaith ar gyfer hamddena ac mae hefyd yn gyfleus i ganol y ddinas lle mae cyfle i ymweld â chlwb neu dafarn yn Stryd y Farchnad.

Mae rhai dinasoedd, fel Croydon a Bournemouth, wedi datblygu ardaloedd ar gyfer codi swyddfeydd i ddarparu cyflogaeth.

Mae rhai strydoedd yng nghanol y ddinas ar gyfer cerddwyr yn unig. Mae gan eraill ddarnau o gelfyddyd stryd, fel yr ardal ger Llyfrgell Ganolog Caerdydd, ac eraill â nodweddion dŵr. Ar y llaw arall mae rhai strydoedd eraill wedi dirywio, gyda dim ond siopau benthyca a siopau betio yno bellach.

*Bydd y traethawd byr hwn yn derbyn dau farc, un ar gyfer y naill AA a'r llall. Bydd y marciau hyn mewn bandiau allan o 5 a 3 yn eu tro.*

### AA1 Dangos gwybodaeth a dealltwriaeth o newidiadau yng nghanol dinasoedd ac achosion newid.

*Mae'r ateb yn dangos gwybodaeth o newidiadau mewn adwerthu sy'n cael eu nodi ddwywaith – hamdden, swyddfeydd a thai. Mae'n dangos dealltwriaeth sylfaenol o'r rhesymau am rai o'r newidiadau. Mae'r wybodaeth yn gywir ac fe ddefnyddir termau o'r dechrau. Mae'n haeddu 4 marc.*

### Cymhwyso (AA2.1c) i werthuso drwy asesu'r esboniadau cymharol am newidiadau a'u pwysigrwydd wrth eu cymharu â'i gilydd yn ogystal â lleoedd gwahanol.

*Mae'r ateb yn dechrau gyda rhai esboniadau rhesymol ond mae cyfyngiadau amser wedi arwain at ruthro tua'r diwedd, heb unrhyw beth sy'n arwain y traethawd i gynnig casgliad. Mae rhai dadleuon wedi eu datblygu'n rhannol ac mae sawl rheswm wedi'u cynnwys. Mae cyfeiriadau at adwerthu ac ail-drefoli ynddyn nhw eu hunain yn werth 3 marc.*

**ⓔ Cyfanswm 13/16**

# Cwestiwn 2

ⓔ Dyma gwestiwn sy'n dilyn patrwm papur UG CBAC. Mae gennych 18 munud i ddarllen ac ateb y cwestiwn. Mae'r math hwn o gwestiwn yn profi eich dealltwriaeth o ystadegau.

Mewn astudiaeth oedd yn edrych ar amddifadedd mewn 33 ward mewn dinas yng Nghymru roedd rhagdybiaeth: (a) y byddai diweithdra yn gostwng wrth symud allan o ganol y ddinas a (b) y byddai diweithdra ar ei uchaf mewn ardaloedd lle nad oedd cymwysterau gan y boblogaeth. Defnyddiwyd prawf rhestrol Spearman i brofi'r rhagdybiaethau hyn. Y canlyniad ar gyfer (a) oedd 0.388 a'r canlyniad ar gyfer (b) oedd 0.8264.

**(a)  i**  Beth mae canlyniadau'r prawf yn ei ddangos am y ddwy ragdybiaeth?  (2 farc)

| Beth mae canlyniadau'r prawf yn ei ddangos am y ddwy ragdybiaeth? | AA1 | AA2.1a | AA2.1b | AA2.1c | AA3.1 | AA3.2 | Cyfanswm |
|---|---|---|---|---|---|---|---|
| | | | | | | 2 | 2 |

**ii**  Mae Ffigur 2 yn dangos y berthynas rhwng pellter o ganol y ddinas honno ac incwm cyfartalog wythnosol y boblogaeth sy'n gweithio ym mhob ward.

Awgrymwch sut mae hunaniaeth y wardiau sydd wedi'u nodi ag X yn wahanol i'w gilydd a sut maen nhw'n gwrthgyferbynnu â'r wardiau hynny sydd wedi'u nodi gydag Y.  (3 marc)

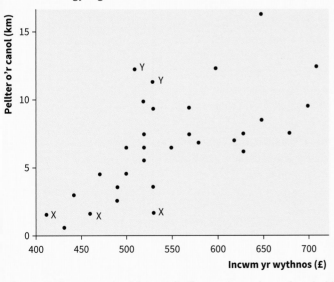

**Ffigur 2** Pellter o ganol y ddinas a chyflog wythnosol ar gyfartaledd

| Awgrymwch sut mae hunaniaeth y wardiau hynny sydd wedi'u nodi ag X yn wahanol i'w gilydd a sut maen nhw'n gwrthgyferbynnu â'r wardiau hynny sydd wedi'u nodi ag Y. | AA1 | AA2.1a | AA2.1b | AA2.1c | AA3.1 | AA3.2 | Cyfanswm |
|---|---|---|---|---|---|---|---|
| | 3 | | | | | | 3 |

**(b)** Gwnewch asesiad o'r effaith mae twf cyflym yn yr economi yn ei gael ar fywyd pobl mewn dinas.

(11 marc)

| Gwnewch asesiad o'r effaith mae twf cyflym yn yr economi yn ei gael ar fywyd pobl mewn dinas. | AA1 | AA2.1a | AA2.1b | AA2.1c | AA3.1 | AA3.2 | Cyfanswm |
|---|---|---|---|---|---|---|---|
| | 6 | | | 5 | | | 11 |

## Myfyriwr A

**(a) i** Mae'r canlyniad ar gyfer (a) yn dangos nad yw'r berthynas yn gryf iawn ac felly nad yw diweithdra'n lleihau gyda phellter. Ar y llaw arall, mae perthynas gref rhwng diweithdra a dim cymwysterau. Mae wardiau sydd â diweithdra uchel yn fwy tebygol o fod â phobl sydd heb ddim cymwysterau.

**ⓔ Dyfarnwyd 2/2 marc.** Mae hwn yn ateb llawn ac felly'n haeddu marciau llawn.

**ii** Mae'r wardiau a nodwyd ag X i gyd yn agos i ganol y ddinas ac mae gan un incwm llawer uwch, a allai olygu fod y lle hwnnw'n ardal o dai gwell a'i bod yn ward sydd wedi'i boneddegeiddio. Mae gan y rhai sy'n cael eu nodi ag Y incwm sy'n llai neu'r un fath â'r ardal sydd wedi'i boneddegeiddio. Mae'n debygol mai ardaloedd maestrefol ar gyrion y ddinas gyda thai o faint sylweddol sy'n dyddio, o bosib, o ganol yr ugeinfed ganrif yw'r rhain.

**ⓔ Dyfarnwyd 3/3 marc.** Mae'n cyfeirio at nodweddion y ddwy set o ardaloedd o ran y bobl sy'n byw yn y wardiau ynghŷd â pheth gwybodaeth am yr adeiladau – gwybodaeth a fydd, efallai, yn cynnig rhyw syniad o hunaniaeth yr ardaloedd hynny.

**(b)** Rwy'n mynd i ddiffinio dinas sy'n tyfu'n gyflym fel un sydd â nifer dda o swyddi newydd yn y diwydiannau technoleg. Byddaf yn edrych ar y costau a'r buddiannau sy'n dod o dwf cyflym.

Mae diwydiannau technegol mewn dinasoedd mawr yn denu gweithwyr ifanc gan fod y cyflogau'n uchel. Bydd y rhan fwyaf o'r gweithwyr yn raddedigion o'r prifysgolion. Dyma sy'n digwydd yn Shoreditch a Canary Wharf yn Llundain lle mae nifer fawr o swyddi technegol sy'n cynnwys datblygu meddalwedd a bancio. Mae hyn o fantais i'r gweithwyr ifanc sy'n gallu defnyddio'r bariau a'r clybiau yn yr ardal, sy'n arwain at fwy o bobl yn cael gwaith.

Gan fod cymaint o bobl ifanc yn symud i mewn i'r ardaloedd hyn mae rhenti tai a phrisiau tai'n codi gan nad oes digon o dai ar gyfer pawb. Bydd rhai ohonyn nhw'n gorfod symud i ffwrdd i ardaloedd fel Essex lle mae tai yn rhatach. Maen nhw wedyn yn cymudo i'r ddinas. Golyga'r rhenti uchel na all y bobl sydd heb gymwysterau oedd yn byw yno yn ystod y ganrif ddiwethaf fforddio'r rhenti bellach, ac maen nhw'n gorfod symud i fyw i ardaloedd rhatach y tu allan i Lundain. Mae'r tai newydd sy'n cael eu hadeiladu'n rhy ddrud.

Os ydy pobl yn gorfod cymudo, yna bydd mwy o dagfeydd trafnidiaeth a threnau gorlawn. Mae *Crossrail* a'r *London Overground* yn cael eu hadeiladu i geisio lleihau'r broblem. Mae mwy o adeiladau'n cael eu hadnewyddu ac adeiladau eraill yn cael eu chwalu i wneud lle i fwy o swyddfeydd. Mae'n bosib y byddai rhai o'r rhain wedi gallu bod yn gartrefi ar gyfer yr hen boblogaeth weithiol. Felly, mae economïau sy'n tyfu'n gyflym yn gallu arwain at effeithiau da a drwg.

ⓔ **Dyfarnwyd 5/11 marc.**

**AA1 Dangos gwybodaeth a dealltwriaeth o ddinasoedd sydd ag economi sy'n tyfu'n gyflym ac effaith hynny ar bobl.**

Mae'r myfyriwr wedi ceisio trefnu'r traethawd drwy gynnwys cyflwyniad, cynnwys a diweddglo. Mae'r ateb yn dangos peth gwybodaeth sydd wedi'i seilio'n bennaf ar Lundain. Digon arwynebol yw'r wybodaeth ac mae'r enghreifftiau yn rhai braidd yn gyffredinol ac heb eu datblygu'n llawn. Mae'r ateb am gostau'n well, gan ddangos dealltwriaeth am ran o'r maes yn unig. Gall hyn fod oherwydd yr arddull ysgrifennu ansoffistigedig. Mae'n ateb band 2 ac felly'n derbyn 4 marc.

**Cymhwyso AA2.1c i asesu effeithiau cadarnhaol a negyddol cymharol ar grwpiau o bobl.**

Arwynebol yw'r asesiad o'r costau a'r buddiannau. Yr hyn sydd yma yw rhestr ddisgrifiadol. Mae'r effeithiau'n cael eu nodi, ond mae angen i'r myfyriwr ddweud beth oedd yr effeithiau hynny ar y grwpiau a effeithiwyd. Mae'n haeddu 2 farc.

Mae marc canolig wedi'i gyrraedd oherwydd y gallu i ddehongli data.

ⓔ **Cyfanswm sgôr: Dyfarnwyd 11/16 marc**

**Myfyriwr B**

**(a) i** Mae cyswllt rhwng diweithdra a chymwysterau.

ⓔ **Dyfarnwyd 1/2 marc.** Mae'r frawddeg fer hon ond yn cyfeirio at un rhagdybiaeth ac oherwydd hynny mae'n derbyn un marc.

**ii** Ardaloedd X yw'r ardaloedd o hen dai lle mae pobl sydd ar incwm is yn byw yng nghanol y ddinas. Mae ardaloedd Y ar y llaw arall, yn bellach allan o'r canol, ac yn faestrefi.

ⓔ **Dyfarnwyd 2/3 marc.** Mae dau osodiad yma sy'n ennill un marc yr un.

**(b)** Mae dinasoedd sy'n tyfu'n gyflym fel Caergrawnt, Llundain a Rhydychen yn ddinasoedd llwyddiannus yn economaidd. Nhw yw dinasoedd llwyddiannus yr unfed ganrif ar hugain, lle mae cyflogaeth yn y diwydiannau hynny sy'n ddibynnol ar wybodaeth yn amlwg. Mae pobl yn cael eu heffeithio'n gadarnhaol ac yn negyddol yn y lleoedd hyn a thu hwnt iddyn nhw.

Mae'r dinasoedd hyn wedi denu diwydiannau modern fel y diwydiannau biotechnoleg yng Nghaergrawnt a'r cyfryngau digidol yn Shoreditch yn Llundain. Mae bron 40% o weithwyr Swindon yn gweithio mewn swyddi rheoli neu swyddi proffesiynol. Y tu allan i Lundain mae gan leoedd fel Swindon, Rhydychen a Milton Keynes gysylltiadau cludiant da â Llundain. Mae'r dinasoedd hyn yn cael eu cysylltu ag ansawdd bywyd da a chyflogau uchel, a'r cyfleoedd y maen nhw'n eu cynnig yn denu pobl ifanc sydd â chymwysterau da. Ychwanega gweithwyr Swindon dros £58,000 i'r economi ac mae hynny'n un rhan o dair yn uwch na'r sefyllfa ddegawd yn ôl. Mae llwyddiant yn denu mwy o gwmnïau newydd sy'n arwain at ehangu sydd yn ei dro yn denu mwy o bobl. O ganlyniad, mae poblogaeth Swindon wedi cynyddu 16% ers 2004.

Gall llwyddiant hefyd greu sialensiau i bobl. Nid yw codi tai newydd wedi llwyddo i adlewyrchu'r galw. Canlyniad hyn yw bod prisiau wedi codi, ond nid mor gyflym â thref gyfagos Rhydychen, lle mae llain las o amgylch y ddinas yn cyfyngu ar y twf. Er mwyn gallu prynu neu rentu tŷ fforddiadwy, mae llawer o'r boblogaeth newydd yn byw ymhellach i ffwrdd, yn ardaloedd Crickdale a Lyneham, ac yn cymudo i'w gwaith. Mae'r sefyllfa lawer gwaeth yn Rhydychen a Chaergrawnt lle mae llawer o'r gweithwyr yn cymudo cymaint â 15 milltir i'w gwaith bob dydd. Mae cymudo'n arwain at dagiant trafnidiaeth a chynnydd mewn llygredd sy'n gallu effeithio ar iechyd pobl, yn arbennig y rhai sy'n byw yn ymyl y priffyrdd.

Wrth i brisiau gynyddu, bydd y rhai hynny sydd ar incwm isel ac sy'n rhentu eu tai'n cael eu gorfodi i adael. Gallai hyn arwain at Swindon yn colli gweithwyr sydd â swyddi â sgiliau is yn ogystal â chynyddu'r costau teithio i'r gwaith.

I gloi, mae pobl yn cael eu heffeithio gan ddinasoedd sy'n tyfu'n gyflym. O ystyried y ffeithiau i gyd, mae'n bosib dod i'r casgliad fod mwy o bobl yn ennill na cholli.

ⓔ **Dyfarnwyd 11/11 marc.**

**AA1 Dangos gwybodaeth a dealltwriaeth o ddinasoedd sydd ag economi sy'n tyfu'n gyflym a'r effaith ar bobl.**

Mae'r ateb yn dangos fod y myfyriwr yn gwneud defnydd da o ardal eu cartref yn y traethawd a'i fod yn gallu cymharu'r ardal honno gyda lleoedd eraill. Mae'r wybodaeth yn gadarn ac yn cael ei chefnogi gan ystadegau – ystadegau sydd naill ai wedi dod o waith maes neu o ffynonellau eilaidd. Mae AA1 yn haeddu 7 marc gan mai ychydig iawn yn fwy y gellid fod wedi'i ysgrifennu o fewn yr amser oedd wedi'i glustnodi.

**Cymhwyso AA2.1c i asesu effeithiau cymharol cadarnhaol a negyddol ar grwpiau o bobl.**

Mae gosodiad yn y diweddglo sy'n ceisio asesu'r effeithiau cyffredinol. Yn yr un modd mae'r frawddeg gyntaf yn y trydydd paragraff yn ceisio cynnig asesiad. Efallai y gellid fod wedi cynnwys asesiad dyfnach yn rhannau dilynol y traethawd. Mae sôn yma am bobl, ond a oes digon o sylw penodol i hynny? Mae'r ateb yn cynnwys categorïau bras yn unig, ond mae hwn yn ateb band uchaf ac yn haeddu 5 marc.

Mae'r cwestiwn hwn yn dibynnu ar draethawd da sy'n gwneud iawn am ddiffyg dealltwriaeth lawn o'r data.

**ⓔ Cyfanswm sgôr: Dyfarnwyd 14/16 marc**

## Profi gwybodaeth – atebion

1 Mae Bro'r Llynnoedd yn ardal sy'n boblogaidd gydag ymwelwyr o ganlyniad i welliannau mewn trafnidiaeth. Yn wreiddiol, fe welwyd y twf cyntaf o ganlyniad i ddyfodiad y rheilffordd, ac yna yng nghyfnod Rebanks gan deithiau car a bws sy'n gallu teithio i'r ardal ar draffordd yr M6. Yn economaidd, mae'r cynnydd mewn hamdden a thwristiaeth yn galluogi ffermydd sydd ddim bellach yn talu eu ffordd i gael eu defnyddio fel ail gartrefi, bythynnod gwyliau neu lety gwely a brecwast. Mae ffermio traddodiadol yn parhau. Yn ddemograffig, mae'r boblogaeth yn hŷn, gyda'r bobl ifanc wedi gadael yr ardal. Yn wleidyddol, mae statws Parc Cenedlaethol yn darparu amddiffyniad i'r tirlun.

2 Ar raddfa fechan mae rhai ardaloedd o dai yn y maestrefi yn cael eu diffinio gan y ffaith eu bod yn gaeedig gyda giatiau ar gyfer mynediad iddyn nhw, e.e. Ruxley Heights, Surrey. Bydd Wembley a Twickenham ar y llaw arall, i'r rhai sydd ddim yn byw yno, yn cael eu diffinio gan stadiwm. Mae'r cyfryngau yn aml yn defnyddio tirnodau penodol wrth gyfeirio at le, e.e. pontydd afon Tyne ar gyfer Newcastle. Mae gweithiau celf, fel cerfluniau Antony Gormley, *Another Place* ar y traeth yn Crosby, Lerpwl neu *Angel of the North* yn Gateshead, yn cynnig hunaniaeth i'r ddwy ddinas. Mae arian lleol, fel Punt Brixton, hefyd wedi'i fabwysiadu gan Drefi sy'n Trawsnewid fel Totnes, Stroud a Lewes. Mae gan Fryste ac Exeter hefyd eu harian lleol eu hunain.

3 Mae'r data yn awgrymu bod globaleiddio wedi cael effaith ar swyddogaethau a gweithgareddau'r dinasoedd a'r maestrefi. Mae perchnogaeth a rheolaeth y cwmnïau hyn yn nwylo cwmnïau sydd y tu hwnt i'r DU. Mae'r ddwy res olaf yn dangos faint o gwmnïau sy'n gwerthu dillad sydd dan reolaeth un prif gwmni. Mae tai bwyta hefyd yn cael eu rheoli gan gwmnïau y tu allan i'r DU.

4 Edrychwch ar y tabl isod.

5 Y Lle perffaith neu'r lle delfrydol: Lle sy'n berffaith o ran y lle a'r bobl. Cysyniad sy'n afrealistig mewn gwirionedd. Yn 1516, fe amlinellodd Thomas More y syniad o'r ddinas berffaith – iwtopia. Ceisiodd diwydianwyr dyngarol fel Rowntree, Salt ac Owen, greu anheddiad iwtopaidd ar gyfer eu gweithwyr yn y bedwaredd ganrif ar bymtheg. Fe geisiodd mudiad Gardd-Ddinasoedd Howard hefyd asio'r gorau o fywyd trefol a gwledig fel ei gilydd yn Letchworth. Ymgais sosialaidd i gynllunio anheddiad iwtopaidd berffaith oedd tref newydd Harlow hefyd.

6 Nid oes rhaid i chi ddefnyddio'r trefi sy'n cael eu henwi yma. Mae dinasoedd sydd ag amrywiaeth o weithgareddau sy'n talu'n dda e.e. Efrog gyda'i phrifysgol, a threftadaeth ddiwydiannol gyda chyflogau is ynghyd â thwristiaeth sydd â chyflogau is, yn enghraifft dda o hyn. Yn yr un modd, mae'r ystod o weithgareddau sydd i'w gweld yno yn gosod Northampton yn yr un categori. Mae lleoedd arfordirol fel Worthing â phoblogaeth hŷn gyda sector gofal sylweddol sydd â chyflogau isel ynghyd â sector trydyddol sydd â chyflogau uwch. Rhagwelir y bydd y ganran o'r gweithwyr sy'n gweithio mewn swyddi cyflog uwch yn tyfu. Mae swyddi cyflog isel hefyd yn tyfu a rhagwelir y byddan nhw'n tyfu mwy na'r rhai mewn swyddi cyflog canolig.

7 **(a)** Manteision: yn dangos y ddinas yn unig yn ogystal â dangos nifer y swyddi. Mae'n rhoi syniad da o leoliad cyflogaeth.

| Grŵp/ sefydliad | Cysylltiad â'r harbwr | Y canfyddiad o leoliad yr harbwr? | Profiadau sy'n dylanwadu ar y canfyddiad o le |
|---|---|---|---|
| Preswylwyr lleol | Wedi dewis byw yma neu wedi byw yma erioed | Dan wasgedd | Pentrefi sy'n bodoli eisoes yn ehangu, tai yn cael eu hadnewyddu ynghyd ag ail gartrefi sy'n creu cymeriad mwy trefol i'r aneddiadau |
| Perchnogion ail gartrefi | Wedi dewis buddsoddi mewn eiddo | Lle da i ymweld ag ef gyda chyfleusterau da | Gallu prynu neu hyd yn oed adeiladu tŷ; defnyddio eu cyfoeth i gynnig mwy na'r na'r hyn y mae'r boblogaeth leol yn gallu ei gynnig; canfyddiad ei fod yn lle gwledig, yn arbennig felly os ydyn nhw'n byw yn Llundain neu ddinas fawr arall |
| Clybiau cychod hwylio | Ar agor drwy'r flwyddyn; angorfeydd, lle i gadw cychod | Gallai gormod o gychod ddifetha'r amgylchedd o ran safon y dŵr | Mynd at ac ar y dŵr; ansawdd yr amgylchedd hwylio |
| Y Cyngor Cymuned | NIMBYaeth; eisiau iddo aros fel oedd yn y gorffennol; tai mawr | Prydferthwch, llonyddwch, lle hamddena; gwasgfa ar barcio, a gwaredu gwastraff | Sbwriel ar y glannau; datblygwyr yn codi tai newydd ac adnewyddu tai sydd yno eisoes |
| Cadwraeth | Pwysleisio gwerth amgylcheddol yr ardal a'r angen i amddiffyn yr arfordir | Cartref ar gyfer bywyd gwyllt, ardal i aeafu ynddi ar gyfer adar sy'n mudo | Gwylio adar |
| Ffermwyr | Llwybrau troed; ofni erydiad am fod lefel y môr yn codi o ganlyniad i gynhesu byd-eang | Yr ardal y mae'r dŵr yn draenio iddo | Sut mae cerddwyr yn ymddwyn, sbwriel |

**(b)** Anfanteision: ni chaiff ardaloedd heblaw'r canol a'r gylchfa fenter eu henwi. Nid oes graddfa ar gyfer y blociau na graddfa i ddangos pellter.

8   Mae tua hanner yr holl nwyddau electronig, llyfrau a cherddoriaeth yn cael eu prynu ar-lein. Ar y llaw arall, mae nwyddau ffasiwn a bwyd ynghyd â nwyddau electronig yn cyfrif am 77% o werthiant yn ôl gwerth. Ar y cyfan, mae'r ffaith bod prynu ar-lein mor gyfleus i'r rhai hynny sy'n gweithio yn ogystal â'r rhai sy'n ei chael hi'n anodd cyrraedd siopau, yn gwneud prynu ar-lein yn fwy poblogaidd. Mae'n llai o broblem i ddosbarthu eitemau bychain fel eitemau cerddorol a llyfrau ac maen nhw hefyd yn gallu bod yn rhatach ar-lein. Mae cynnydd mewn gwerthiant bwyd ar-lein hefyd yn arwydd o'r hwylustod o siopa ar-lein.

9   Mae llawer yn dibynnu ar y ddinas neu'r dref. Mae'r mathau o adeiladau sy'n cael eu defnyddio yn cynnwys hen adeiladau warws yn y dociau, ffatrïoedd a gweithdai, fflatiau uchel y cyngor a siopau mawr gwag ac adeiladau rhestredig sy'n gallu cynnwys unrhyw rai o'r uchod. Mae'r mathau o adeiladau hefyd yn cynnwys ardaloedd o gartrefi oedd yn bensaernïol bwysig gerllaw canol y ddinas oedd wedi dirywio dros gyfnod o amser. Mae'n golygu bod pobl o statws cymdeithasol uwch yn byw yng nghanol y ddinas ac ardaloedd o'r ddinas fewnol a bod pobl incwm isel yn symud i'r maestrefi. Yn y dinasoedd mwyaf gall fod rhaniad rhwng yr ardaloedd o gyfoeth eithriadol uchel ac ardaloedd eraill sydd wedi eu boneddigeiddio. Mae boneddigeiddio yn newid y ddaearyddiaeth gymdeithasol fel bod y ddinas fewnol a chanol y ddinas yn gartrefi i grwpiau mwy cyfoethog, o gymharu â'r gorffennol pan oedd yr ardaloedd hyn yn gysylltiedig â grwpiau oedd ag incwm is. Mae boneddigeiddio yn digwydd mewn nifer o ddinasoedd (Leeds, Lerpwl, Newcastle, Caerdydd). Pa fath o adeiladau sy'n cael eu trawsnewid? Beth yw'r effaith ar ddaearyddiaeth gymdeithasol y ddinas?

10  Mae nifer y gweithwyr sy'n gweithio yn y sectorau gofal a swyddi elfennol yn ogystal â rhai swyddi rheoli a swyddi proffesiynol wedi cynyddu yn Peterborough. Mae newidiadau cadarnhaol tebyg yn Stoke-on-Trent er bod y cynnydd mewn swyddi cyflog uchel yn uwch. Yn y ddwy ddinas mae nifer y gweithwyr cyflogau canolig wedi gostwng hyd at 20%. Y tuedd yw bod twf yn y sectorau cyflogau uchel a chyflogau isel, ond bod y sector gwasanaethau gyda chyflogau isel yn cynyddu gyflymaf. Mae'r graff yn dangos y newid sy'n cymryd lle sef lleihad mewn cyflogaeth yn y sector gweithgynhyrchu a chynnydd mewn cyflogaeth yn y sector gwasanaethau.

11  Mewn arholiad, mae'r sgil o ddehongli graff yn gyflym yn hanfodol. Mae'r data yn cynnwys cymysgedd o ddinasoedd a rhanbarthau ac felly nid yw hi'n bosibl cymharu pob tro. Gellid grwpio'r data dan ddinasoedd a rhanbarthau i hwyluso'r gwaith o gymharu. Hefyd, nid yw'r data yn rhoi manylion ar gyfer y waelodlin ar gyfer unrhyw le. Yn nifer o'r dinasoedd, byddai nifer mawr o gwmnïau wedi'u sefydlu yno yn 2010. Mae dinasoedd yn rhannau deheuol y DU wedi eu cynrychioli'n dda, fel mae'r prifddinasoedd, ond nid felly Caerdydd, sydd wedi ei chynnwys o fewn rhanbarth De Cymru. Mae rhai lleoedd sydd wedi eu dad-ddiwydiannu fel Lerpwl, Manceinion, Hull a Sheffield wedi llwyddo i ddenu nifer o gwmnïau newydd. Mae canolfannau ymchwil fel Rhydychen, Caergrawnt a Chaeredin wedi denu cwmnïau digidol.

12  Mae'r data ar gyfer 2008-2012. Mae'n gwahaniaethu rhwng ardaloedd gwledig, gwledig gwasgaredig a gwledig gwasgaredig (anghysbell). Mae'r cynnydd cyflymaf mewn swyddi yn y sectorau addysg iechyd, ar wahân i'r ardaloedd mwyaf anghysbell. Mae'r diwydiannau mwyngloddio yn dirywio tra bod cynnydd bychan mewn amaethyddiaeth. Yn gyffredinol, mae'r ardaloedd gwledig a'r ardaloedd anghysbell yn dangos twf tra bod yr ardaloedd llai gwasgaredig, yn gweld lleihad yn nifer y swyddi.

13  Cofiwch, mae'r data hwn yn dangos y ganran o'r boblogaeth sydd mewn gwaith. Felly, gall yr union nifer wahaniaethu'n sylweddol gan fod mwy o bobl yn byw mewn ardaloedd trefol. Rhestrwch ble mae ardaloedd trefol bwysicaf sydd yn bennaf yn yr ardaloedd â chyflogau is. Mae ardaloedd gwledig â chanran uwch o bobl sydd ar gyflogau uwch. Y rheswm am hyn yw gwrthdrefoli yn ogystal â chanran uwch o weithwyr sydd â sgiliau uwch (mae gweithwyr mewn amaethyddiaeth a choedwigaeth angen amrywiaeth o sgiliau).

14  Mae'r cwestiwn hwn yn disgwyl i chi ddehongli barn o'r ffeithiau sy'n cael eu cyflwyno yn y crynodeb. Dydy'r prosiect ddim yn gallu parhau i'r dyfodol os yw'n ddibynnol ar ariannu allanol parhaus. Mae nifer o'r atyniadau ym Mlaenau Ffestiniog yn darparu ar gyfer grŵp bach penodol o gleientiaid, e.e. pobl ifanc sy'n chwilio am antur. Mae'n bosib y byddai rhai pobl yn dadlau bod materion pwysicach sydd angen sylw. Mae'r pwynt bwled olaf yn rhyw awgrymu bod problemau cymdeithasol ac iechyd yn faterion o bwys. Mae'n ddigon posib y bydd y genhedlaeth hŷn edrych yn ffafriol ar dderbyn darn o dir ar gyfer garddio yn ogystal â defnyddio egni adnewyddadwy. Nid oes sôn, fodd bynnag am y ddarpariaeth o ran trafnidiaeth a gwasanaethau. Ydy'r cynlluniau yn llwyddo i gadw'r boblogaeth ym Mlaenau Ffestiniog neu a ydy'r bobl ifanc yn gadael am y brifysgol a chwilio am waith sy'n cynnig cyflog uwch?

15  Mae'r boblogaeth sy'n byw mewn ardaloedd gwledig yn heneiddio; mae mwy o bobl rhwng 60-74 oed a thros 75 oed yn 2011 o'i gymharu â 2001. Mae'r nifer o blant rhwng 0-14 oed wedi gostwng, fel mae'r nifer yn y grŵp oedran rhwng 30-44 oed, sef yr oedran ar gyfer magu teulu. Mae'r newidiadau hyn yn effeithio ar y gwasanaethau gofal a'r lle sydd ar gael i blant mewn ysgol. Yn Ffigur 38 dangosir cyfran o'r grwpiau sy'n gweithio yn ogystal â'r rhai sydd wedi derbyn ymddeoliad cynnar. Mae hefyd yn ymwneud â 'phobl sydd fel arfer yn byw yn yr ardal' yn hytrach nag ail gartrefi. Mae bron un rhan o dair yn y grwpiau sy'n derbyn y

cyflogau uchaf. Mae'r rhan fwyaf o'r gweithwyr medrus yn gweithio yn y diwydiannau amaethyddol, coedwigaeth a chwarela yn bennaf. Gweithwyr incwm canolig yw bron hanner y gweithwyr. Mae'r data yn cefnogi'r farn bod ardaloedd gwledig i raddau helaeth iawn yn rhanbarthau o gyflogaeth sy'n talu'n dda a'u bod yn gymharol gyfoethog. Fodd bynnag, mae tua 1 mewn 5 yn y grwpiau cyflogau is. Mae effaith gwrthdrefoli yn amlwg. Y prif faterion yma yw prisiau tai, gofal a mynediad at ofal ac ail gartrefi.

**16** Buddiannau o ddefnyddio'r lloriau sydd uwchlaw lefel y stryd:

(a) Byddai'r lloriau uchaf yn darparu lle neu ofod ar gyfer pobl ifanc a'r rhai sy'n cychwyn ar ei gyrfa.

(b) Yn aml iawn mae'n ofod sydd heb ei ddefnyddio.

(c) Dod â mwy o bobl i mewn i ganol y ddinas.

(ch) Gallai fod yn addas ar gyfer grwpiau penodol sy'n cael mynediad i'r canol yn anodd, e.e. pobl sydd ddim yn gyrru car.

(d) Gallai fod yn ddelfrydol ar gyfer y rhai sydd wedi eu cau allan o'r gymdeithas tra bod goruchwyliaeth ar gael (gan bwy?)

Costau o ddefnyddio'r lloriau uwch:

(a) Diogelwch oni bai bod mynediad ar wahân i'r lloriau uwch.

(b) Pwy sy'n talu am addasu'r gofod sydd ar gael ar gyfer ei ddefnyddio?

(c) Gallai ddenu'r rhai sydd wedi eu cau allan o gymdeithas.

(ch) Rheolau diogelwch a thân. Ydy'r perchnogion yn dymuno cydweithio?

**17** Bydd angen brawddeg neu ddwy ar y dechrau i esbonio'r hyn rydych chi'n bwriadu ei brofi.

(a) Mae sylwadau Plato yn or-syml. Mae'n awgrymu bod y gymdeithas yn rhanedig yn gymdeithasol ac o ran ble mae'r gymdeithas honno'n byw. Ar lefel sylfaenol, mae tystiolaeth o hyn: Ffigur 44.

(b) Mae'n fwy cymhleth gan fod ardaloedd yn newid yn raddol rhwng un ardal a'r llall. Mae hyn yn seiliedig ar oed y boblogaeth, oed adeiladau, daliadaeth eiddo a gweithgaredd economaidd. Eglurwch hyn gan gyfeirio at yr ardal rydych chi'n byw ynddi.

(c) Angen i chi ddod i gasgliad neu gasgliadau drwy grynhoi eich prif bwyntiau. Mae'r cwestiwn yn werthusol felly cofiwch ddweud 'i ba raddau'.

## Atebion tasgau hunan-astudio

### Tudalen 32   Cyfrifo Cyniferydd Lleoliad (CLl)

$$CLl = \frac{\text{\% o gyfanswm y gweithlu yn yr ardal sy'n gweithio mewn gweithgaredd penodol}}{\text{\% o gyfanswm y gweithlu yn y wlad sy'n gweithio yn y gweithgaredd hwnnw}}$$

**Tabl 1** Y nifer sy'n cael eu cyflogi yn y crefftau medrus yn rhanbarthau ystadegol y DU (2015)

| Rhanbarth ystadegol y DU | % yn gweithio mewn crefftau medrus o fewn y rhanbarth ystadegol | % o weithwyr crefftau medrus yng ngweithlu'r DU | CLl |
|---|---|---|---|
| De Ddwyrain Lloegr | 10.1 | 10.7 | |
| Llundain | 8.0 | 10.7 | 0.74 |
| De Orllewin Lloegr | 11.8 | 10.7 | 1.10 |
| Dwyrain Lloegr | 11.2 | 10.7 | 1.04 |
| Gorllewin Canolbarth Lloegr | 11.5 | 10.7 | 1.07 |
| Dwyrain Canolbarth Lloegr | 10.6 | 10.7 | 0.99 |
| Swydd Efrog a Humber | 11.6 | 10.7 | 1.08 |
| Gogledd Orllewin Lloegr | 10.5 | 10.7 | 0.98 |
| Gogledd Ddwyrain Lloegr | 11.4 | 10.7 | 1.06 |
| Yr Alban | 11.3 | 10.7 | 1.05 |
| Gogledd Iwerddon | 12.0 | 10.7 | 1.12 |
| Cymru | 12.7 | 10.7 | |

Dull arall i ddangos dosbarthiad anghyson yw llunio **Cromlin Lorenz**. Mae Ffigur 1 yn dangos Cromlin Lorenz a luniwyd o'r data sydd yn Nhabl 2. Mae'n dangos Gwerth Ychwanegol Gros (GVA Gross Value Added) y person ar gyfer 2014.

**Tabl 2** Gwerth Ychwanegol Gros (GVA) y person ar gyfer 2014

| Rhanbarth y DU | GVA % | UK region | GVA % |
|---|---|---|---|
| Llundain | 22.6 | Swydd Efrog a Humber | 6.6 |
| De Ddwyrain Lloegr | 14.9 | Dwyrain Canolbarth Lloegr | 5.9 |
| Gogledd Orllewin Lloegr | 9.3 | Cymru | 3.4 |
| Dwyrain Lloegr | 8.6 | Gogledd Ddwyrain Lloegr | 3.0 |
| Yr Alban | 7.7 | Gogledd Iwerddon | 2.1 |
| De Orllewin Lloegr | 7.5 | Ardaloedd eraill | 1.4 |
| Gorllewin Canolbarth Lloegr | 7.1 | | |

Mae'r gromlin yn dynodi bod y dosbarthiad yn anghyson, fel arall byddai'n ffitio'r llinell dosbarthiad cyson gyda'r un gyfran â'r GVA y person ym mhob rhanbarth. Mae'n pwysleisio goruchafiaeth Llundain a De Ddwyrain Lloegr fel y rhanbarthau gyda'r enillion mwyaf, sydd wedyn yn troi'n enghreifftiau eraill o gyfoeth sy'n effeithio ar bobl a'u bywydau yn y rhanbarthau hynny. Ar ben arall y raddfa, mae gan dair rhanbarth ymylol rhwng 7 a 10 gwaith yn llai o werth ychwanegol gros y person, a fydd yn anochel yn effeithio ar fywydau pobl.

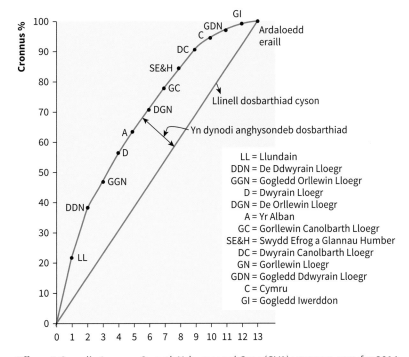

**Ffigur 1** Cromlin Lorenz: Gwerth Ychwanegol Gros (GVA) y person ar gyfer 2014

**Tudalen 38   Tasg hunan-astudio: tasg ystadegol 1**

**1**  I gyfrifo'r **cymedr** defnyddiwch y fformiwla isod:

$$\frac{\Sigma x}{n} = \frac{297.7}{14}$$

ble $\Sigma x$ yw cyfanswm y ffigurau ac n yw nifer yr eitemau data.

- Cymedr rhifyddol yw 21.26.
- Modd yw 32.8.
- Canolrif yw 21.5 y gwerth canolig.

**2**  I gyfrifo'r **gwyriad safonol** defnyddiwch y fformiwla isod:

$$\Sigma = \frac{\sqrt{(x-x)^2}}{n}$$

**Gwyriad o'r canolrif:** Caiff hwn ei ganfod drwy rannu'r gwerthoedd ymhellach fel bod pedair rhan gyfartal, neu chwarteri. Y chwartel yw ble mae'r rhaniad yn digwydd. Yn y data hwn, y chwarteli yw 25.1 = Chwartel uwch a 16.8 = Chwartel is.

**Tudalen 38   Tasg hunan-astudio: tasg ystadegol 2**

- De Ddwyrain Lloegr 0.94; Cymru 1.18
- Dwyrain Canolbarth Lloegr sydd â'r crynhoad agosaf at un y DU.

  Mae'r crynoadau yn is yn y De Ddwyrain ble mae'r economi gwasanaethau yn gryfach. Mae crynoadau mwy yn yr ymylon, ble mae llai o weithwyr gan y gweithgareddau economaidd modern.

# Mynegai